苏君阳 著

家庭空间

给孩子的心灵原生质

北京出版集团
北京出版社

图书在版编目（CIP）数据

家庭空间：给孩子的心灵原生质 / 涂立森，苏君阳著. — 北京：北京出版社，2021.12
ISBN 978-7-200-16943-0

Ⅰ. ①家… Ⅱ. ①涂… ②苏… Ⅲ. ①家庭教育 Ⅳ. ①G78

中国版本图书馆 CIP 数据核字(2021)第 273138 号

家庭空间
给孩子的心灵原生质
JIATING KONGJIAN
涂立森　苏君阳　著
*
北京出版集团
北京出版社　出版
（北京北三环中路6号）
邮政编码：100120
网　址：www.bph.com.cn
北京出版集团总发行
新华书店经销
北京宝昌彩色印刷有限公司印刷
*
880毫米×1230毫米　32开本　5.375印张　106千字
2021年12月第1版　2021年12月第1次印刷
ISBN 978-7-200-16943-0
定价：68.00元

“有两种东西，我对它们的思考越是深沉和持久，它们在我心灵中唤起的惊奇和敬畏就会日新月异，不断增长，这就是我头上的星空和心中的道德法则。”

——伊曼努尔·康德

“教育的首要目的在于造就有所创新、有所发明和有所发现的人，而不是简单重复前人做过的事情。”

——让·皮亚杰

“教育是植根于爱的。”

——鲁迅

谨以此书诚挚地献给天下所有的父母和孩子，献给年轻人、中年人和长者，愿你们幸福。

感谢父母的栽培，感谢家人的支持，感谢张妍女士和涂舒媛女士对本书的大量整理编辑工作，感谢北京出版集团父母必读杂志社的帮助，感恩生命中的一切际遇，愿我们共同成长。

涂立森　苏君阳

目　录

第1章　用什么初建孩子的心灵空间？　/1

心灵原生质　/2

心灵基因　/9

心灵的盾牌　/12

告别干巴巴　/16

心灵有力量　/19

第2章　你在和谁争夺孩子？　/21

心灵的院子　/22

看清你的对手　/25

孩子听谁的？　/27

非对称的原生家庭　/31

原生家庭的觉醒——反思你的权力　/35

第3章　盲目的社会归因　/43

社会归因和财富自由　/44

焦虑的源头——心穷　/46

用文凭换钱　/52

父母能实现家庭与孩子的双赢吗？　/55

第4章　原生家庭如何打造争夺之路？　/59

原生家庭的资源　/60

原生家庭的康庄大道　/67

创设不匆忙的原生家庭场景　/69

你的作品卖座吗？　/73

为孩子描绘心灵的图谱　/77

第5章　塑造孩子的心灵支柱——灵魂　/83

无声电影相对于有声电影，泛读相对于精读　/84

塑造孩子灵魂的深度阅读　/86

心灵的蜕变　/90

孩子的与众不同就在于细微的差别　/97

心灵的底气——熟悉不畏惧　/102

第6章　父母的心灵升级之旅　/111

心灵"班主任"　/112

让孩子进入心灵的快车道　/118

原生家庭感情空间的升级　/122

父母的角色转换障碍　/124

原生家庭空间改造和父母心灵的三次蜕变 /131

请带给孩子一趟愉快的人生旅程 /132

第7章 让孩子完美走过第四空间 /141

第四空间的竞争 /142

第四空间的标准 /147

心灵原生质在第四空间中的嫁接 /150

真正地发现孩子 /152

梦想的层次——电影落幕之后 /154

第1章

用什么初建孩子的心灵空间？

在《家庭空间　创造孩子的心灵理想国》一书中，我们谈了家庭中隐形的三大空间，即原生家庭空间、孩子的心灵空间和理想国空间。在本书中，我们主要讲一讲用什么来建设孩子的心灵空间。

孩子的心灵空间与家庭空间是不同的，是非常独特且柔软的，帮助孩子构建其心灵空间，让孩子的心灵有力量是本书的目的。

心灵原生质

那些大家公认的所谓的成功人士，他们大多出身于普通家庭，父母也都是普通人，他们的家庭给予他们的看似与其他家庭没有太多不同，那么到底是什么使得他们取得了我们所谓的成功呢？除了个人的际遇外，他们的原生家庭赋予了他们能实现成功的东西——心灵原生质。

什么是心灵原生质？首先，原生质是指细胞内的生命物质，就是细胞中所含的那些最初的物质，我借用原生质的词义，将孩子心灵空间被最初输入的心理内容信息定义为心灵原生质。

心灵原生质包括但不限于行为模式、生活习惯、精神品质以及与此相关的认知和评价内容等。

这些心理内容信息可以是孩子主动获取的，也可以是被动输入的，涉及父母在家庭中的语言、概念、观念、价值观、行为模式等。比如父母在家中有读书的习惯、讲究卫生的习惯、办事有计划的习惯，这些行为习惯携带的心理内容信息就会作为一个整体的记忆信息包被孩子存储下来，并随着他的成长慢慢消化后形成他的心灵原生质。比如，父母在家庭中对孩子的言传身教是用事例教育的形式还是事理教育的形式？事例教育是父母给孩子讲很多故事、事例，如英雄、前辈的事迹或国家的事件等；事理教育是父母不仅给孩子讲事例，而且会把重点放在给孩子剖析其中深刻的道理上，这种教育方式富含着很多心理内容信息。

孩子在形成自我行为模式时，那些他们在原生家庭中最初看到、参与、体会、经历过的心灵原生质所携带的心理内容信息是处于优势地位的，几乎没有其他信息能够与之竞争。孩子对于原生家庭输入的信息有天然敏感的接收需求，因此这些来源于原生家庭的独特信息对孩子未来的发展起着极其重要的作用。

大家可以想一下我们自己的原生家庭，那些基本的生活习惯、父母对世界的基本认识等都深深地影响着我们的成长和发展。

孩子最初的心灵发展是基于对原生家庭的信任，从密切接触者——父母，扩大到其他家庭成员，孩子通过这个扩展的过程识别了完整的原生家庭，也划清了这个疆域的界限。

当孩子到了两三岁开始探索外部世界的时候，孩子是存在恐惧感、不信任感和陌生感的，哪怕做一些很小的动作，孩子都会问父母或其他家庭成员很多问题，并以此作为参考去探索世界。孩子在探索外部世界时会寻找信任源并表现出明显的依赖感。比如，孩子想从盒子里拿东西，但是自己不敢，于是让爸爸帮自己拿。

这种现象说明相对于外部世界，孩子在内心更加信任原生家庭给予他的信息、行为方式、评价内容等。在未来社会化的过程中即使孩子的心灵空间接收了其他外部信息，但是与原生家庭带给他的信息相比，孩子的信任度也是不一样的。

信任之后，孩子就开始模仿了。孩子会模仿原生家庭中的一些基础行为、动作和语言，孩子模仿的方式很多，模仿的对象是原生家庭中信任的人或熟悉的事，同时他们还会调整自己的行为。比如，孩子会拿着布模仿大人擦东西，会拿着玩具模仿大人买东西，会模仿成人的口吻教育他人等。

孩子模仿了以后就开始学习。孩子会对照背景解析父母的行为，而不再是单纯机械地模仿，孩子可以识别各种行为模式适用的场景，也会寻找相对应的场景来模仿某类行为，并通过不断地重复来固定自我的行为。比如，我看到女儿玩水时会把一些纸放在有水的碗里，再接水，再装纸，我就问她在做什么，她说：“爸爸，我在和面。”原来女儿是在用她的方式理解和模仿大人的和面行为，从而固定自己的行为模式。在此过程中，孩子会扩大情境范围和变换模仿方式，从纸巾到彩泥，从和面发展到做面条。孩子在模仿的过程中证明了自己已经理解、解析、掌握了她在原生家庭中了解到的一些动作和行为模式，孩子会将这些动作和行为模式作为自己的基础，并将与此相关的语言、背景和评论等非常完整地纳入到自己的心灵空间中，将之作为未来做某些事的参考标准。

当孩子开始从幼儿园、早教班等社会机构中学习一些其他动作的时候，孩子会参照、整合、对比在原生家庭中学到的动作，孩子也会将这些动作进行情境迁移。

孩子将原生家庭的信息内容作为自己的心灵首选，是因为孩子天然地信任原生家庭，这是人的天性使然。人类在繁衍时会遗传很多完整的行为技能，一开始是生理上的，后来则会发展到心理上。

孩子的心灵空间中有意识的部分在刚出生的时候是简单的，但是孩子会通过味觉、听觉、嗅觉、视觉、触觉等努力地获取周围的信息来填补自己心灵的空白，我称这种力量为心灵空白的张力。这种心灵空白的张力表现为孩子的好奇心。

在人一生的成长过程中，事件、逻辑、知识上的空白都会使人产生心灵的张力，潜意识中会产生好奇、焦虑或者驱动力。比如，你给孩子讲故事时只讲了一半，孩子通常是不满足的，会让你讲完，因为孩子很想知道结果。这种现象符合格式塔心理学强调的人类心理的结构性和完整性的理论。

孩子虽然在原生家庭中看到的很多事情是比较零散的，比如发生的事件，父母的语言和思想，父母与自己的互动等，但是孩子在吸收了这些零散的信息后会在潜意识中对其进行整体的归纳和梳理。

孩子对这些零散信息的认知有着自己的逻辑，他们能够感知到这些事情发生的整体模式和背景原因。比如，孩子会说，“我父母就是这样”，这句话就说明孩子是把父母的行为作为整体来进行理解的。并且，孩子能够预测在相似的情境下可能发生什么事或是父母会说什么话。孩子在潜意识中知道父母的争执、快乐、要求等会在什么样的情境下发生。格式塔心理学阐述过当孩子遇到一个情境时可以进行心理的预测和演变，推测事情下一步将如何发展，从而能够回避风险或者自我总结。

原生家庭及父母发生的事件中含有完整的结构，包括表层的语言、深层的动机、教育目的和含义等，孩子可以将之归入一个大类中。比如，孩子会将父母的教育信息分为几个大类，做人要诚实、要好好学习、要尊老爱幼等，孩子会将父母在不同时间、场景下的语言归入整体性的框架里。孩子不是按照细节来理解父母的行为信息的，而是在内心将各种细节编码后作为整体进行记忆和理解的。这种整体的理解和领悟对于孩子的理解力、思考力、概念形成等都会产生巨大的影响。

正是因为孩子具有天然地信任原生家庭，善于思考结构性事件，并且会进行整体性理解的特点，因此在孩子的心理发展过程中，原生家庭在有意打造供孩子吸收形成自我内在驱动力的事件和语言上都要非常注意。

孩子对待原生家庭给予自己的心灵原生质与从社会上习得的信息内容的态度是不一样的。孩子对二者的信任度不一样，认识不一样，最初的模仿痕迹也是不一样的。原生家庭的很多事情都是有结构的，含有完整的信息包，孩子会持续地将其留在心灵空间里，成为构建心灵空间的基石。

为什么要研究原生家庭？因为原生家庭有着独一无二、先入为主、其他信息几乎与此没有竞争力的综合信息，特别是那些有结构、有意义的信息，比如事件、概念、行为准则、规则、父母的价值观、父母反对的价值观、父母的冲突等，这些孩子能够观察到的或者被父母输入的或好或坏的心理内容信息都是独特的心灵原生质。这些心灵原生质对于孩子后天形成自己的价值观、行为模式等都具有极大的影响。

心灵原生质是真实存在的，是值得父母仔细推敲的。我借用细胞学的概念向大家说明孩子的心灵原生质最初是来源于原生家庭的，是从这里走出心灵发展的第一步，然后向着形成心灵胚胎的方向前行。

对于孩子的心灵而言，孩子的心灵胚胎是由原生家庭输入的心灵原生质开始发展起来的，这些心灵胚胎综合起来形成孩子未来的心灵生命体。

孩子通过理解和分解心灵原生质形成心灵胚胎，再从心灵胚胎中吸取营养用于自己心灵空间的分化、发育和生长。

生物学上的分化是指从无差别的物质分化成不同的生理器官的过程，心理上也是一样。比如，我有一位朋友，她的父亲是工程师，她小时候经常看到父亲在家里画工程图，虽然她对父亲所画的内容没有太多理解，但是她对于铅笔、纸张、绘画一点都不陌生，因为其内心已经有这种行为模式的心理因素了，这让她从小喜欢画画，一拿起笔就会立刻唤醒那块心灵原生质的记忆以及未理解的部分，并通过模仿、印证、比较来不断精进自己的绘画技巧，在铅笔画、水彩画、油画、漫画、视频制作等方面都有涉猎，这个过程就是孩子对于绘画的心灵原生质的分化过程，会形成很多以绘画为基础的心灵胚胎。

一般来说，孩子两三岁时会在原生家庭内接收到大量的心灵原生质，在五至八岁这个阶段时开始进行自我分化，形成心灵胚胎。此时，父母应当采取积极、乐观的生活态度，比如，经常给孩子讲一些榜样的故事、与孩子讨论对某一事件的积极看法等，这样就会给孩子输入积极的心灵原生质；如果父母总是在孩子面前抱怨生活琐事，那这些心灵原生质就会产生严重的负面作用。

心灵基因

这种天然的信任会使孩子形成一种源自原生家庭的、非常特殊的心理机制，用以接收、判断、整合及巩固信息，那些从非常高的信任源遗传和疏导下来的心灵原生质会被孩子接收、模仿、解析、固定、扩大，并将之作为参考以完成自己的社会化过程。

孩子社会化的心理过程需要以原生家庭的心灵原生质为基础，并且在形成心灵胚胎之后其心灵空间向外扩展而形成。

婴儿还在母体的时候就具有丰富的知觉了，人类在亿万年的进化中选择了将生理和心理机制一同进行遗传，因此对心灵原生质的特殊机制进行研究和确认是十分重要的。原生家庭成员之所以能够成为孩子的高度信任源，成为孩子心灵原生质的输入源头，是因为孩子在潜意识里知道原生家庭能遗传给自己生存技能。

心灵原生质的特殊接收机制使孩子得以在原生家庭中较为安全地探索和学习未来所需的各种生存技能，完成自我心灵空间的基础构建，具备基本的心灵能力和技巧，从而形成心灵胚胎。

心灵原生质分化成为心灵胚胎后，孩子的心灵空间也会开始分化，包括知觉、记忆、思维的形成，也包括各种心理链的形成，比如语言链、情绪链、幸福链等。孩子的心灵空间分化后会存储不同的心理内容信息。因此，原生家庭中经常出现的一些恒定的场景特别重要，因为这种场景不存在竞争者，很容易输入到孩子的心灵空间成为心灵原生质并进一步分化成为孩子的心灵胚胎。

比如，孩子经常在家里看到父亲在台灯下读书，孩子会觉得父亲很用功、爱学习，开始在心灵中形成了父亲灯下读书的原生质。孩子看到家里有很多图书，父亲经常和孩子说一些科学家的故事，给孩子讲他认为很有价值的事情，于是这些信息就在孩子看到父亲灯下读书的心灵原生质周围形成了心灵胚胎，孩子会觉得读书学习这件事是这么重要、这么美好。然后，孩子的心灵空间开始分化，比如父亲和孩子说数学很重要，给孩子讲很多数学的知识和故事，孩子就会分化出存储数学内容的心灵空间，又比如父亲和孩子说学好英语很重要，这样可以看到更多人的思想、看到更多大师的谈话，那么孩子会分化出存储英语内容的心灵空间。在这之后，孩子的心灵空间还会再次进行更为细致的分化，比如在存储数学内容的心灵空间中分化出一些承接数字、形状问题的空间，在存储英语内容的心灵空间中分化出一些承接英文文学作品的空间。

通过心灵原生质的发育、心灵胚胎的分化，孩子会不断地吸收其所信任的原生家庭成员的一些知识技能、行为方式、价值观等，并在社会化的过程中反复地回到其信赖的原生家庭中进行对比、查询和咨询。

心灵原生质是在原生家庭中使孩子能够接触到各种事件、观念等带来的心理内容信息；心灵胚胎的形成是孩子有意识地对这些心灵原生质进行分化发育、差异化生长的过程，包括行为模式、理解方式、学习方式、世界观、家庭观、价值观等；每个原生家庭为孩子输入的心灵原生质都不一样，当这些原生质在孩子的心灵中发育成为心灵生命体的时候，孩子的心灵基因就基本形成了。

孩子最初对于心灵原生质是没有能力理解、分化和吸收的，随着成长，孩子会逐渐地对其进行分化形成自己的观念和行为模式等，慢慢地体现出更多的自我特征，当心灵空间发育到一定程度时，孩子会发现内心深层次的东西与原生家庭父母很像，比如内心深层次的一些基本观念。当然，孩子到了一定年龄后还会对这些心灵基因进行改造和升级。

我们每个人都有着溯源的本能，碰到问题时内心深处最重要的参考来源于原生家庭父母传递的心灵基因，每个人都能逐渐领悟到家庭传承的心灵基因，形成最为核心的、支撑一生的观念。

心灵的盾牌

原生家庭的心灵原生质输入能够为孩子建立起很多防御机制。原生家庭会教孩子辨别事物的好坏，孩子会把这些心灵原生质作为第一选择，凡是与此相悖的内容都会引起孩子的疑问。

因此，在孩子社会化的过程中，原生家庭给予孩子的心灵原生质，对于孩子心灵胚胎的发育和心理机制的形成，是具有方向性的引导作用和心灵保护作用的。

孩子的心灵空间发展需要心理内容信息，原生家庭在孩子的关键敏感期输入的心灵原生质能够决定孩子的行为模式和心理内容信息的偏好。因为当人的心灵中出现了空白、断裂，或者在逻辑认识过程中出现了缝隙时，人的心灵空间就会自己弥补和修复，在此过程中人就会产生焦虑、好奇和疑问。

孩子的心灵空间发展是一种精细化、结构化的扩张过程，孩子的心灵空间是柔软的、弹性很大的。相比简单的信息，孩子对于带有结构的信息更为敏感，能够认识得更加完整和牢固，容易将其内化成为自己心灵空间的结构，也更容易对此进行演绎和发展，因为这类信息更易于孩子模仿和解析。比如，父母给孩子讲什么是机智，如果只讲这个词的意思，孩子是很难理解的，但是，如果父母给孩子讲司马光砸缸的故事，孩子一下子就能明白什么是机智，很容易地将这个大的信息纳入自己的心灵空间里，以便日后进行模仿和演绎。

在大概两岁半以后，孩子的自我主体意识开始清晰起来，会说“我怎么样”而不是“宝宝怎么样”了。语言是表现思维能力的，主语的改变说明孩子此时已经开始出现了自己独立的心灵空间，孩子开始知道自己喜欢的事物了，比如玩具、小朋友、游戏等，孩子的心灵空间已经开始建设了，而且已经开始跨出原生家庭空间了。

在孩子的心灵发展速度最快的时候，父母将含有背景、行为模式、认知结构的心灵原生质信息打包输入给孩子，最便于孩子的演绎、类比和评价。这种心灵原生质是多层次的，孩子一旦开始对其进行复杂的演绎，那么对于原生家庭给予的心灵原生质就会逐渐根深蒂固，尤其是带着父母的思想和较为复杂的认知与评价内容的评价类信息，更加容易让孩子去模仿和评价，能使孩子的心灵智慧得到更大的发展。

比如，父母在给孩子讲达·芬奇的故事时，如果在言语中流露出对大师的敬佩，哪怕只是一些简单的评价——一个人能够做这么多事情真是非常了不起；他写的字是反的，要对着镜子看才行，好神奇……都会激起孩子的模仿兴趣，孩子会说："妈妈、爸爸，你们看我写的字也是反的，我也和达·芬奇一样。"孩子会在心灵空间中模拟和比较，这就是父母在为孩子输入带有思想的心灵原生质。

判断一个家庭给孩子输入的心灵原生质的质量高低，要看孩子在家里说话能说到什么程度，能够和大人辩论到什么程度，能给我们制造多少惊喜。

因此，父母在给孩子心灵原生质的时候，除了给孩子一些简单的、易于类比和模仿的行为模式和认知外，更重要的是要多给孩子一些评价类的信息。父母在孩子开始会说话的时候不要简单地教孩子识字，此时输入到孩子心灵空间中的信息内容要超越简单的文字认知，父母要多跟孩子讲一些丰富和积极的评价类信息。

含有复杂心灵原生质的信息包是一种十分吸引孩子的编码，孩子会去认真地解析和演绎它，会在其中编入自己独特的心灵信息内容，然后纳入自己的心灵空间中。

孩子能否在内心搜寻更多信息与大人进行辩论，反映出孩子心灵空间的紧密程度、结构化水平、信息内容的丰富程度等。

孩子的心灵空间里是只有一些松散零碎的知识和基本常识，还是已经有了非常强的自我主体意识，能够探索和挖掘自己的心灵空间信息与外界进行交流，并且试图说服外界来达到自己的心灵目的？这两者是有本质区别的，前者是孩子心灵成长的初期，后者是孩子心灵成长的重要目标和必经过程。

评价类信息的出现会使孩子的心灵空间迈向更高层级的发展。

在孩子心灵的社会化过程中，我们要用更高级的语言、思维、评论信息去激发和引导孩子，让孩子作为主体去发掘和分化自己更加细致的心灵空间，构造自己内心不同的观点和内容，完成自己与外界的沟通、交流，不断地壮大心灵力量。

在评价事物的时候，父母要特别注意不要给孩子输入很多负面信息，那样会摧毁前述的过程，使孩子心灵萎缩，打散孩子心灵空间的结构和认知。

原生家庭一定要有安全源，无论贫穷还是富有，父母都要为孩子建立起安全屏障，父母对待事物积极的看法和评价、乐观的生活态度就是孩子最好的安全源。

我认识的一家人领养了一个女孩，对待这个孩子视如己出，家里两个哥哥也都很疼爱这个妹妹，女孩从小就知道自己是被领养的，但是家庭的尊重和温暖使她得以非常健康快乐地成长，这个原生家庭给她输入了很多优质的心灵原生质，同时也为她建立了安全源，没有让女孩对生身父母的抛弃产生仇恨，女孩非常感谢养父母的养育之恩，生活很幸福。

告别干巴巴

什么是有效的心灵原生质信息？并不是那些日常生活信息。

是零散的知识吗？也不是。

当孩子开始真正用信息内容建设自己的心灵空间时，那些心灵原生质一定是一些结构完整、有心理意义的有效信息，因此普通的知识并不能称为有效的心灵原生质信息。

有效的心灵原生质信息需要有结构、有标识、有背景，会被孩子比较容易地识别出来。一些父母做了很多无用功，泄气地说："我一直在教你，你怎么就是听不懂呀？"因为这些信息没有被标识，本身很孤立，没有结构、背景、评论或情境，孩子很难做情境、动作的类比和模仿。

比如，父母给孩子讲相向而行的数学题时，如果父母只是简单地告诉孩子在计算时要把两者的速度相加，我相信孩子是听不懂的，因为父母讲的是孤立的知识，没有结合情境和评价，孩子无法在内心进行模拟和比较。如果父母换个方式，告诉孩子相向而行就像是两个孩子同时用吸管喝一碗水一样，把相向而行的情境换成孩子熟悉的喝水情境，那么孩子用两个人喝水的速度来类比相向而行的速度就容易多了，而且孩子还可以在此基础上进行自我的演绎、模仿和发挥。

父母简单的讲述是不易于孩子进行模仿的，孩子只有真正识别讲述内容之后才能进行有意义的类比模仿。

孩子在形成主体意识以后，就开始寻找信息去建设自己的心灵空间了，此时我们要好好观察孩子内心已有的内容，认真分析孩子建设自己心灵空间的方式和路径，并根据孩子的喜好，有选择地输出。

父母在原生家庭中给孩子描绘了什么样的心灵底色，将决定孩子未来在社会化过程中的心理成长速度、能力和方向。因此，父母要从小给孩子输入好的心灵原生质，做好孩子真正的人生引导者。

作为父母，我们同时也要反思自己输入给孩子的心灵原生质的内容，包括精神品质、思维和行为模式等，它们是不是容易被孩子识别？有没有很好的情境和背景？有没有很好的识别方式和标识？在类似的背景下是否能被唤醒？是不是能被孩子内化和接纳？孩子能否在情境唤醒时进行有效的模仿？

以上这些就是我们如何在孩子的成长关键期向孩子输入有效心灵原生质的方法。孩子在原生家庭中要有信任源，要有高级的评论级、思想级的信息内容诱发孩子的心灵成长。

孩子是要成为一个完整的、心灵健康的人，而不是只有某些心灵器官发达，那样会造成孩子心灵的偏激。

如果一个人的原生家庭没有给过其优质的心灵原生质，那么这个人在社会化的过程中面对各种问题和冲突时就很难有安全感，就像没有家、没有支柱一样。

一个人有家不是有房子，也不是有父母，而是拥有父母传递下来的很多心灵空间和力量，这才是有家的感觉。

心灵有力量

父母除了要知道如何用心灵原生质初建孩子的心灵空间，还需要知道哪些品质是未来孩子更需要的，这让我想起了以前的同学们。

我有一些让我非常敬佩的同学，我发现他们有两个非常优秀的地方，就是非凡的管理能力和沟通能力。他们从小就相信知识的力量，愿意拼命地读书，相信读书可以改变命运，也相信命运是公平的，这让他们的心灵有力量。他们从底层干起，他们的信仰使他们的心灵空间充满了弹性和力量，充满了奋斗的憧憬，不断地给自己加油。

这些同学后来都成了成功人士，他们都表现出了一些精神品质：第一点，他们非常有互助精神，不狭隘，能够被更多的人所接纳。这也是很多大公司喜欢让他们担任高管的原因。第二点，他们很有勇气，他们不遮掩自己的缺陷，勇于表达。第三点，他们非常善于社交，社交也是一种精神层面的力量。第四点，他们表现出了非常强的团结的精神品质，他们能团结很多不同文化背景的人。

我们可以看出，人需要拥有一颗柔软的心灵和超强的精神力量，用精神的力量来支撑起强大的沟通能力以及令人信服的有效管理能力。我们不但要让孩子拥有这些能力，更要拥有令人信服的品质，以及这些品质所表现出的应对各种问题的高超能力，即智慧能力。

我们要把孩子培养成真正拥有强大心灵、能够自我驱动的人，只有这样的孩子，再加上好的学术背景和能力，才能自信、勇敢地去面对未来。

孩子最珍贵的能力是能在慢节奏里培养出优秀的心灵品质，而不是跟随父母的快节奏生活，去提前学一些大家以后都会的知识。

父母不要把孩子拴在自己的裤腰带上拼命地奔跑，不要慌张、焦虑和恐惧，父母不要认为自己奔跑的时候能够照顾好孩子，请把孩子放下，让孩子更加自得。请听一听孩子的心声，找一找孩子的心灵空间和理想国，不要忽略了孩子心灵自由的空间、心灵的有效时间、心灵选择的权利和心灵的休息时间。

孩子是一个个体，只有通过精神品质的培养才能让孩子的内心有力量，才能唤醒自己内心的声音，才会有自己主导的空间，才会自己拼命地成长，如此才是有效的教育、成功的启蒙。

第2章

你在和谁争夺孩子？

当父母在家庭中为孩子输入心灵原生质、帮助孩子构建心灵空间时，父母是存在着对手的，处理不当你就会错失帮助孩子成长的机会。到底谁是你隐形的对手？本章我就为父母们解开这个疑惑。

心灵的院子

在深入研究儿童心灵成长时，我要引入一个大家儿时很熟悉但是现在可能忘了的地方——院子，本章我就从这里开始。

在我小的时候，很多人家里都有院子，房子和院子原本都是生活空间的一部分。汉代出土的陶艺民舍中就有院子、房子、猪圈等，这也说明从古时候起，中国人的传统生活空间中是有院子的。

后来，社会发展演变为很多人共用一个院子，也就是大杂院，再后来，生活变得更加忙碌起来，生活空间开始更加集中，大部分人的生活空间中就没有了院子。

是什么导致了人们生活空间的集中呢？是事件、生活的内容。

生活的内容越来越丰富，挤占了人们的空间和时间，导致人群越来越集中，大家需要分享生活空间，院子也就渐渐消失了。

过去社会信息的传播方式一般是父母将信息带回家里，家庭是

消化信息的终端。晚餐时父母会把自己的所见所闻与家人分享，孩子也在听大人们讲故事、谈事件。

随着社会、媒体、传播方式的大幅发展，社会生活模式开始发生大规模的变化，人们不再把家庭当作信息的最终归属地，社会信息穿透家庭去向别处，与此伴随的是人参与的家庭活动和事件越来越少，而家庭之外的社会活动和事件越来越多。

社会的发展给我们带来的感受是：家庭和社会的边界越来越模糊，信息相互渗透，人们的很多活动既有社会性，也有家庭性。

人在家庭中的活动比例越来越低，比如，很多人都会加班，或者把部分没有做完的工作带回家继续做，这样就占用了家庭时间及事件。

什么是事件？就是人生的内容，是人生内容的引子。

家庭生活的比例大幅下降意味着家庭的生活空间在人的心灵空间中的比例大幅缩小。因为事件构成了空间，当一个人的社会性事件大幅增加的时候，其存储社会内容的心灵空间会扩大，而存储家庭内容的心灵空间会缩小，表现为人们非常忙碌、被社会事件和活动牵引着。

在人的心灵中，社会空间穿透家庭空间的能力越来越强，甚至开始挤占家庭空间，人的时间、空间以及心灵空间都越来越多地被社会事件占据了。

有时候人们会互相调侃说把家当成旅馆了，特别是在一线城市工作的人往往早出晚归，这些人的心灵有效时间都在家庭之外了，心灵空间中与家庭事件相关的家庭空间占比很小。

在这种情况下，孩子虽然与父母近在咫尺，但是心灵空间却离得很远。

很多父母意识到了陪伴的重要性，也有很多人呼吁父母要陪伴孩子，但这只是一个非常基础的要求，更高层级的陪伴是深度陪伴和有效陪伴。

但是，时代的变化不是父母能够控制和左右的，信息的主要来源方式也已经不是由父母简单地带回家中了，留给家庭的抚养内容也已经萎缩得很可怜了，人们的物理生活空间不断聚集、密度增大，社会信息极易穿透家庭，于是孩子也成为了一个直接接收社会信息的主体。稍大些的孩子就可以通过各种渠道获取社会信息，在公共信息的获取渠道上与父母相差无几，孩子心灵空间的发展速度会大幅增长。

现代孩子的心灵成长能力、信息接收能力、判断能力已经远远超出了上一代人了，有时候父母会惊讶于孩子的想法，孩子会用父母不知道的信息进行思想加工。

看清你的对手

社会信息快速地进入孩子的心灵空间，使孩子的心灵迅速扩张和成长，孩子由此表现出的与他人的情感、人际问题等判断和思想都会超出父母的想象。孩子关注得更多的是自己心灵空间中的事件和活动，对于原生家庭空间中的事物关注得并不多。

当社会信息穿透家庭的时候，孩子的心灵成长速度是要快于原生家庭的心灵成长速度的，这意味着现在的孩子在未来能够记住很多社会信息带来的事物，这些事物对孩子未来的影响会很大。

在接收社会信息时，原生家庭如果没有对社会信息进行有效的过滤、屏蔽和重组，无暇顾及孩子的心灵成长，那么孩子将处于单薄的原生家庭空间中，直接接收社会信息，孩子的心灵成长就会被社会信息所左右，受到社会信息无差别的辐射，而社会信息是没有义务对每个孩子进行有目的的教育的。

长此以往，孩子的心灵导向就会在潜意识里把自己的心灵成长交给社会信息，而不是交给原生家庭中的父母，孩子听从和听取父母建议的机会就会变少，会更多地选择参考社会上无差别、无教育目的的信息，形成自己的信息取舍观。

这样的家庭，父母虽然提供了原生家庭的生活空间，但是没有提供空间中管理、主导和引导的功能，原生家庭的生活空间成为了孩子的寄宿空间，孩子的身体住在这里，但是心灵却在按照社会导向成长。

穿透家庭、无目的的社会信息正在和原生家庭父母争夺孩子的心灵空间，很多孩子在成长过程中并没有受到原生家庭较好的熏陶，这种现象在快节奏的生活中非常普遍。成年以后，很多孩子的心灵事物与父母想要传递的内容相去甚远，而且这类孩子往往不太依恋原生家庭，因为受其影响很少。孩子觉得自己的家只是社会的一个组成部分而不是一个独立的心灵主体，父母的见识、教育、引导、信息来源与社会上其他人没什么区别。

为了避免这类情况的发生，父母就需要在孩子关键的心理学习窗口期做好一个心灵的“院子”，用这个独特的空间将孩子的心灵空间与无差别的社会信息区别开来，并在这个独特空间中将道德、文化、经验等有益信息传递给孩子，使这些信息在孩子的心灵成长中变得不可被替代。

如果父母错过了孩子重要的心灵成长的时间，孩子就难以深刻体会和认可原生家庭的文化和价值观，并会用社会信息作为参考来评判父母。

孩子听谁的？

你的孩子听谁的？

突然被问到这个问题，大家都会不约而同地脱口而出——听我的。

那么，我再问大家，你听谁的？

孩子在心灵成长过程中形成了一套复杂的心灵指引系统，会产生很多兴趣和好奇心，并由此产生自己的想法，有着很多自己想做的事情。

因此，“听谁的”就变成了两套系统，一套是处于孩子心灵外部的原生家庭父母的指令系统；另外一套就是孩子自己心灵空间的指引系统，孩子在用自己的心灵指引自己成长。如果父母的指令内容没有被孩子真正接纳的话，就不会进入孩子的心灵空间对孩子产生影响。

这就像问“孩子听谁的”，父母说“听我的”一样，对于孩子来说，这只是父母在发号施令，并不是每一次都会被孩子接纳。

有位主持人在分享自己的成长经历时提到，她的父亲对她非常严厉，从小要求她遵守各种各样的规矩，玩具不能乱放、书要及时收好等，否则她的父亲就会将玩具扔掉、将书撕掉……无论她如何哀求、保证都不能阻止。她的父亲根本不会倾听她的心声，这让她在能够独立生活的时候故意要将房间弄乱不收拾，因为她根本就没有在内心接收过她父亲的指令。

为什么要详细地为大家论述“孩子听谁的”这个问题呢？因为如果父母想让孩子接收自己的指令和信息的话，就需要仔细地倾听孩子心灵的声音，倾听在心理学上极为重要。

第一，原生家庭父母要能够倾听孩子的心灵需求。当孩子心灵的需求被父母听到，并且孩子能够感受到父母在认真听的时候，孩子会觉得双方的心灵空间离得非常近，能够满足孩子心灵的基本生理需求。孩子愿意把自己的心灵空间展现给父母，甚至愿意把自己的心灵空间搬到父母的心灵空间中去。

其实成人也一样，当我们把想法或者需求告诉父母、朋友或者爱人的时候，对方认真地倾听、帮我们解读和分析的时候，我们会觉得双方的心灵靠得很近，对方能够很深层次地理解我们，我们会感觉很亲昵，从而愿意谈论自己更多的想法，愿意在心灵上靠近对方。

第二，原生家庭父母要能够倾听孩子的思想。当孩子意识到父母在很认真地倾听自己的想法、父母很正式地敞开心扉的时候，会觉得自己被父母完全理解了，会感觉到自己的思想传递到了父母的心灵空间。

如果这种情况能够比较经常地发生，那么孩子就会觉得自己的心灵空间并不孤单，因为有父母两个心灵空间相伴，从而引起心灵的共振。

因此，父母要经常认真地倾听孩子的思想并与孩子讨论，支撑起双方心灵沟通的桥梁。如此，孩子也会更加自信，更加愿意表达自己的思想。

第三，原生家庭父母要倾听孩子心灵的情绪，主要是去了解并理解孩子在对待某件事时的情绪变化。

父母倾听孩子的情绪，会使孩子觉得自己的心灵得到了父母的拥抱，感觉父母是非常柔和地用心灵的手把孩子抱到另一个心灵空间中，自己的情绪流入到了父母的心灵空间。

比如，孩子对自己画的画不满意，气得跺脚大哭，此时父母不要生硬地讲道理，也不要制止孩子哭闹，而是要共情，作为倾听者去理解孩子，告诉他“宝贝，妈妈知道你画了很久，很不容易”“孩子，爸爸知道你对自己的要求很高，这点很难得”“孩子，你现在的积累一点都不会浪费，你会越画越好的，我们都相信你”。父母要让孩子宣泄情绪，要理解和引导孩子，才能使双方的心灵走得非常近。

以上是父母倾听孩子心灵的三个方面，是非常基础和重要的。经常有父母觉得孩子怎么这么不听话，其实是孩子压根儿从心灵上就没有在听父母的话，就像我们也不听我们父母的话一样，这是我们心灵的指引在起作用。

孩子只听自己心灵的指引，会衍生出各种策略与原生家庭空间中的各种指令进行博弈，同时也会珍藏自己心灵的指引。因此，在孩子心灵成长中出现了好奇、产生了兴趣的时候，父母如果没有把自己的方法、指令放进孩子的心灵空间，变成孩子自己的心灵指引的话，那么父母的这些做法就是无效的。比如，父母让孩子看书，如果孩子不想看书、不喜欢看书，孩子会拒绝或者用假装看书的方式来应付父母，而根本不会对书中的内容进行思考，也不会增加心灵的能量。

父母强加给孩子的指令是对孩子心灵的制约，很快就会被孩子抛弃。

只有当父母的指令和孩子的心灵指引一致的时候，孩子才是最听话的。因此，父母要能够倾听孩子的心灵需求、孩子的思想、孩子的情绪，才能真正走进孩子的心灵空间、才能成功给孩子植入外部的任务和指引。

非对称的原生家庭

原生家庭中还存在着很多有意思的非对称性。

第一，原生家庭中的非对称性体现在能力上。当你和孩子对视的时候，你看到的是什么？你的眼里都是孩子，满心想的都是为孩子好。但是孩子呢？孩子的眼里可不都是你。**孩子看到的是整个世界，父母只是世界中的一部分。**

特别是当孩子的活动范围变大以后，孩子的心灵发展速度往往超出了父母的设想和心理承受能力，父母的设想往往只是根据孩子过去的一些迹象进行的判断，孩子在带给父母很多惊奇的同时，也让父母感到自己的体力和心力都难以应对孩子了。

比如，有的父母由于工作原因带着孩子在国外生活，小孩在国外上了一年幼儿园后，英语就说得连父母都应对不上了。因为父母学的是一些成人语言和学术语言，而孩子学的是日常交流用语，可见，孩子的发展在很多方面都超出了父母的理解和承受能力。

往往是孩子的心灵和步伐在前面跑，父母的心灵和步伐在后

面追，当孩子制定出很好的策略以后，就会有强烈的愿望、动力、内心的张力去占领、打通别人与自己心灵沟通的通道。此时，当父母和孩子谈话的时候，会发现孩子有非常强烈的说服父母的愿望，孩子能感受到自己的想法是否进入了父母的心灵空间并占有一席之地，并且孩子会试图占领父母更多的心灵空间。

第二，原生家庭中的非对称性还体现在记忆方式上，父母是理性记忆，把原生家庭中的很多情境当作线索用，但是孩子的记忆方式是非理性的情境记忆加上情绪记忆。

小时候，我们接收到自己不喜欢的外部指令的时候，会从心理上感觉到被强迫，这种感觉我们都记了下来，但是我们对于具体的事情和细节却未必还记得，因为大家记住的是小时候自己想记住的事情，外部指令是事实，但我们只存有笼统的记忆，除非是太过恶劣或者激烈的事件。

第三，原生家庭中还有一种非对称性，就是父母是用各种知识、信息、原则装备孩子的头脑，引导孩子的品行等，但是孩子并不想成为父母的装备对象。孩子要在原生家庭中释放心灵的快乐，孩子是为了寻找快乐而做一些事情，所以会缺少理性。

第四，原生家庭还存在相互了解的非对称性。由于孩子接触到的事物越来越多，他们的思想就越来越活跃，父母就越来越不了解孩子的想法，而孩子知道父母针对自己会采取什么手段，因此，父母经常无法在策略上赢过孩子。这是策略上的非对称性。

第五，父母和孩子对于原生家庭中权力的理解是不对称的。父母认为自己对孩子有主导和支配的权力，但是孩子根本不关心，经常会忽视父母的想法，孩子只是知道这个事实，但并没有从心灵上认可。

第六，原生家庭中的指令系统也不对称。孩子用的是符合自己心灵原则的心灵指引。比如孩子遵循的是让自己好奇、快乐、有兴趣的原则，听从内心的指引来指导自己的行为，孩子的成长是心灵向外成长的过程、是非常主动的成长。

父母在初步地为孩子展示着外部的权威，让孩子感受权力以及知道如何处理和遵循，可是孩子有着自己的想法和策略，并会将之在日后不断的社会化过程中进行演绎和发展。

原生家庭是能够让孩子感受外部指令系统和自己心灵系统非对称的最密集、最特殊的环境，孩子对于外部指令和自我心灵指引的接受度是不一样的。

第七，父母和孩子的感情性质也是非对称的。父母对孩子是天性无私的爱加上理性，天性和理性加起来再演绎出一部分情绪性的情感，但是孩子对父母是天性的安全归属加上情绪性，天性和情绪性加起来再演绎出一套策略性的情感。比如，讨好型人格就是孩子策略的一种衍生物，“我让你高兴就能达到我的目的”，这就是孩子的内心读本。

第八，原生家庭中父母和孩子的要求也是非对称的。父母对孩子的要求多是听话和服从，但是孩子对父母的要求是当好自己的工具。孩子对父母的要求是无穷无尽的，需要父母提供各种各样的外在条件。在这一点上父母如果处理不好就会变成溺爱孩子。

父母与孩子的要求在深度和广度上都不一样，孩子希望能够通过父母这个外部工具来做自己的事情，父母对此的表达和处理方式会使孩子的未来差别很大。

比如，如果父母有意识地培养孩子自己动手的能力，适当地帮助孩子，就容易使孩子在未来比较独立和自主；如果父母经常生硬地拒绝孩子的各种要求，那么孩子的心灵就会很孤独，会尝试融入其他组织中获取理解和支持等。

第九，原生家庭父母和孩子的相互判断也是非对称的。孩子认为自己有思想，对于自己心灵空间的认识是比较完整的，大多数孩子从小就挺明白的，知道该做什么，但是父母认为孩子的思维和内心世界是无序和混乱的，需要父母的指导和指引。

第十，原生家庭父母和孩子的优势感是非对称的。父母在原生家庭中的强大优势感是无条件的，而孩子的优势感是有条件的。孩子觉得父母爱我、祖辈疼我，但是有着很多心灵外部的制约，也存在着很多禁忌。

孩子的优势感是含有很多变量的波动函数，孩子可以心算出心灵优势的最大值会在哪个点出现，然后采取何种策略达到自我的目的。

由于原生家庭内存在着上述这十个非对称性，父母掌握着资源并具有很大的优势感，做出了很多强迫性的安排，因此很多人长大以后都会觉得原生家庭存在问题，感觉内心有压抑感、心灵受到了制约。

原生家庭的觉醒——反思你的权力

原生家庭中存在着如此多的父母不了解的非对称性，父母对孩子成长的认知和理解有限，经常无意识地限制了孩子的发展，使得孩子更加倾向于选取不会向其施压的社会信息作为自己的心灵指引，原生家庭的影响就会处于劣势，从而难以向孩子传递原生家庭真正的心灵财富。

其实这就是真实的家庭，当一个人开始思考自我成长轨迹的时候，当一个人要真正面临成家立业、养育下一代的时候，才会开始深刻反思自我成长过程中的一切，才会发现原来没有完美的原生家庭。受到时代、知识、技术等影响因素的限制，父母难以做到最优。

当我们成人以后，大部分人才开始了解自己的原生家庭，理解了父母，化解了很多误解，慢慢觉醒，所以，对于我们的孩子，我们不能再单纯地复制上一代的做法，让孩子形成对原生家庭的误解，而是要解除原生家庭对于孩子心灵的制约，让孩子更加自由奔放地成长。

在管中不管，在不管中管。

在引导中不引导，在不引导中引导。

在塑造中放手，在放手中塑造。

在培养中释放孩子那些原本被压抑的心灵能量，使其释放到最大值并渗透到孩子未来的学习和生活中去，这是本书的研究目的。

父母如果想达到这个目的，就需要深入反思自己在家庭中的权力使用以及培养孩子的方式，真正地做到自我觉醒。

首先，父母要意识到原生家庭中父母权力的非均衡现象。世界上任何权力都是有条件的，都是在条件具备的情况下才能实施的。

那么，在原生家庭中，父母对于孩子的非均衡权力为什么能够伴随着父母的心理优势和理性思维施展开呢？前提条件是什么呢？

第一，父母有建立原生家庭的心理优势，父母给了孩子生命以及基本的物质保障，父母拥有两者的心理所有权，有权对其安排、管理和处置。父母从这些心理优势衍生出来的权力如果没有受到制约的话，就会在原生家庭中被放大到比较极致的程度。

只有父母对于孩子天性的爱才能制约这种权力。父母在实施权力的时候是伴随着对孩子的爱的，这种权力的演变和发生使父母有时候极度理性，有时候又极度感性，因此在行使权力的过程中并不稳定，存在着情绪化和理性化的特点。

孩子对于父母使用权力的方式几乎不能理解和接受，但是参照社会上其他小朋友类似的家庭情况而勉强接受了下来，其实孩子在心灵上是不认可的。

我们小时候受到父母管束和惩罚的时候，内心其实都充满了反感，可能还会在心灵深处留下很多不好的记忆甚至是内伤。

我们成人以后，开始能够从人文、社会、历史和自我成长背景来整体地审视和理解父母当年的行为，动用全部的心灵秩序和心灵智慧来思考和理解原生家庭了。

中国人自古讲究家庭的传承绵延，个人的奋斗不只是为了自己，更是为了孩子，这是一种更为广博的家庭哲学、社会哲学、价值观。

一些人从小在中国长大，后来到国外留学或者生活，也都会保持着中国整体的社会文化体系、家庭观和人生观，为什么？因为人会本能地选择那些能让自己的心灵得到释放的、快乐的事物，在这一点上，做中国人是很快乐的。

比如，外国人无法理解祖父母帮忙带孩子的事情，而中国人就认为这是为了下一代好，是理所当然的事情；中国人敬老，吃饭会先让老人吃，同时也做给下一代看，这就是中国文化中孝道文化的传承。

中国的孝道文化也会从家庭扩大到社会中。一个人是否孝顺被看成是否会忠诚于企业的标识，一个人对父母都不好是不会对朋友、对企业好的，这是大家在心理上的衡量。

这就是原生家庭父母对于孩子权力的延伸和演绎渗透到社会中，与社会文化相互印证后出现的现象，这是中华文化深奥的地方。中华文明流淌了五千年而未曾中断，这种累积性和五千多年的印证是非常了不起的，能使我们在成人以后更加理性地看待小时候在家庭中遇到的非对称性、非均衡性的父母的较高的权威，也能更为理解父母当时理性和非理性的做法，使我们从对原生家庭的误解转变为觉醒。

但是，在孩子还没有走出原生家庭、没有社会化的时候，孩子是难以理解父母在原生家庭中的一些做法及其背后的深刻含义和父母的良苦用心的。

父母的权力的确是需要在家庭和孩子心灵中实施的，但不是让父母毫无底线地去实施。有一些家庭能够把历史文化和家庭文化都演绎得很好，父母做到了在管中不管、在不管中管，使得孩子与父母的心灵都得到了成长。

写本书的目的是要提示大家，我们在孩子的教育问题上要凝聚家庭的力量，并不断地夯实和改善。上一代优秀的文化不要只靠下一代自己去简单地摸索，因为会受到太多不确定性因素的影响。

一些人因为儿时对于父母霸道和强势的记忆较多而存在对于家庭权力的负面看法，这其实缺少了成人以后对于原生家庭觉醒的过程。

同时，我们也要知道，在孩子比较弱小的时候，如果原生家庭父母的主导性权力实施不当，则容易对孩子的心灵造成伤害，这也是我们为人父母需要深刻反思的地方。

我们不能认为自己建立了孩子的原生家庭就拥有了至高无上的家庭权力，不能用权力过度地强迫孩子。

接下来，我们来看看原生家庭父母用权力制定的原生家庭非对称性规则。

父母经常会给孩子制定很多规则，既有吃饭不许说话、看电视不能太近这种表面的规则，也有不好好学习要受到惩罚、不能随意发脾气这种心灵的规则。为什么是心灵的规则呢？因为这些规则是无形的，是心灵上的制约。

家庭的心灵规则几乎是父母单方面提出来的，孩子没有参与制定规则的机会。父母的动机是好的，认为立好了规则孩子就能接受规则、学好规则，并且认为孩子按照规则成长的话就能得到最优的结果，达到父母预期的效果。

但是，这些规则对于孩子而言都是一些外部的规则，只是孩子看到的千千万万的规则中的一部分，因为孩子关注的世界和父母的世界不同。孩子看到的规则还有社会的规则、和小朋友相处的规则，以及孩子自己总结的一些行之有效的策略规则，孩子认为通过这些策略规则可以与父母进行很好的对话，是具有桥梁作用的，可以在符合父母认可的心灵规则的同时达到自己的目的。

我有位教授朋友，他经常会很正式地与孩子谈心，非常认真、仔细和严谨，能够很好地遵守心灵的规则。但是很多父母则做不到这样，使孩子意识不到父母制定的这些规则与自己有什么关联，孩子会觉得这只是父母给自己制定的纪律，是父母对自己心灵的硬约束。孩子小时候是不能直接理解父母的良苦用心的。

因此，在这一点上，父母要认真地审视自己的行为，防止孩子产生心灵的内伤，孩子违反规则后，惩罚一定要适度。

有些家庭的父母过于严厉，导致孩子出现了对自己不自信、对外部世界感到胆怯和懦弱、凡事都采取避险的心态，出现了讨好型人格等现象，这对孩子未来的发展是非常不利的。**过于强势的父母其实就是权力和规则的具体化身。**

原生家庭的隐性权力和规则是通过什么样的方式展示出来的，要看权力和规则最后凝聚到了谁的身上，有的家庭是父亲，有的则是母亲。

原生家庭中最怕母亲过于严厉，因为孩子一般都会认为，从母亲那里得到的爱是最多的，因此，当一个母亲极度严厉的时候，天性的爱几乎被掩盖到了最底层，当这种爱通过非常严厉的规则和主导性的权力展示出来的时候，就会造成孩子潜意识中的畏惧和胆怯。

第3章

盲目的社会归因

为什么我们不能盲目地跟随社会舆论，尤其在培养孩子上更是需要自己独立、认真、细致的思考呢？因为社会舆论往往是不全的，其归因通常不是问题深层次的原因，所以我们也无法按照社会舆论的方向去解决问题。本章就来谈谈在大家身边出现得比较多的社会舆论。

社会归因和财富自由

每一个时代都有一个社会主题，主题的归因不一样，且每个归因也不一定都是正确的。归因并不一定是使事实发生的真正最深层的原因，它是最显性的原因但不一定是最根本的原因，只是容易成为大家的共识。

比如，二战结束后的美国人开启了享乐模式，因为大家都认为战争结束了，活下来不容易，因此要好好享受生活，美国当时的社会归因是，战争是一切灾难的源头、是破坏生命的根源。

但是深层次的原因是这个吗？战争是最显性的原因，但不是根本原因，是决定和总结过去的力量，但不是指导和决定未来的力量。

这种“战争结束要享受生活”的思想使美国在二十世纪六十年代以后出现了所谓的“颓废的一代”，包括欧洲也是这样。歌曲《加州旅馆》就描绘出了一幅战后人们生活迷茫、堕落的画面，这是一个社会归因现象。

类似地，新中国成立以前，人们的关注点也都在战争上，贫穷、战争、疾病是新中国成立前的三大痼疾，几乎所有人都认为是由于中国的科技不发达才受了欺负。

是这样吗？不是的，根本原因是当时政府的政治能力不强。中国在清朝时贫穷吗？难道那时的中国没有北洋工业吗？造不出军舰吗？没有枪炮吗？没有江南制造局吗？都不是，所以这种表面的社会归因不是根本原因。政治上的软弱才是真正的原因，才是真正对未来起作用的因素。

社会把清朝的没落归因于对过去起作用的因素上，而没有归因于真正对未来起作用的因素上。

就像现在一样，很多人都把问题归因于财富不自由上，认为财富自由了就可以解除所有焦虑和恐惧，感觉只要有了钱自己就不再心慌了，就不再害怕了，就强大了。但是，如果一个人还需要用钱来武装自己的内心，就说明这个人的内心依然不强大，这个社会归因并不是问题的根本原因。真正影响人们未来的因素和人们内心认为的财富自由的归因并不是一回事。

焦虑的源头——心穷

当一个人的心灵空间被直觉和情绪所占满时，其心灵空间中的认知成分、能力、结构就会开始萎缩，甚至停止运转，就会误解很多事物的基本概念，会误认为财富自由也是一种自由，甚至把财富自由当成一种精神层面的追求和寄托。

财富与日常生活中碰到的很多问题密切相关，因此它就成为了人们产生焦虑的主要原因——心穷。

有人认为自己有钱就能解决问题，就不会碰到这样那样的问题，就可以避免这些问题。

其实这三种直觉归因都是对问题的误解，是因为过去人们普遍比较穷，把财富看得很重，甚至富有以后都舍不得用钱去解决简单的生活问题，让社会最世俗的归因信条占满了自己的心灵，于是精神信仰被排挤了。如果孩子受此影响太深的话，会比父母更加世俗。

精神信仰为什么被排挤了？因为直觉占满了整个心灵空间，导致很多情绪衍生、漫延、散布在心灵空间中，排挤了其他层面的精神信仰和相关的认知空间。

社会发展到今天，经过几代人的努力和积累，一些人拥有了比较多的、上几代人所想象不到的物质财富，然而物质上的财富不再是成就事业的不可或缺甚至是第一位的关键因素了。在当今乃至未来社会中，物质上的财富不再是稀缺资源，钱大量涌入了很多领域中，但是这些领域中的事业并非全部成功，也存在着很多投资失败、晋升不成的例子。

在更为公平的商业环境下，钱一直在寻找最聪明的、最有能力的人来帮助自己实现事业上的抱负，人的因素对于事业的制胜更为关键，稀有的个体或者群体的才智力量，以及服众的品行力量，相比物质上的财富更为珍贵和重要，其组织、运用、创造的能力都是真正的稀缺资源。

对于个人而言，建立何种价值观来驱动和导向着自身的发展尤为关键，它可以使自己能够有先觉性地寻找、发现有价值的个体或群体，加入其中并历练自我。现代和未来的事业合作前，一定会看这个人在内心把事业和物质上的财富哪个放在第一位，要看这个人的精神世界的层级高低。

随着当代社会的发展和精神文明建设水平的进一步提高，事业上的成功需要对社会和人类具有更大的使用资源的贡献，而非通过占用甚至是攫取他人的资源来简单地获取财富，因为后者难以创造更为美好的社会，也很难被现代社会的主流价值观所认可，会逐步地被边缘化甚至淘汰。父母需要深刻理解、认知、探索以及追寻这个趋势，并将此作为内心深层次的指引，要从更为广博和宽阔的角度来看待事业上的成功。

个体或者群体的价值绝不仅仅在于是否有知识，而是要有“学”也有“术”。

学是指学问，术是指应对各种事情的方法。

学识渊博和具有处世能力的复合型人才，在未来才能更好地适应社会。我们不要让孩子成为数据库和词典，而要让孩子能够用精神的品质去驾驭“术”。

价值观、信仰、信誉、意志、兴趣都是“术”，在未来社会中拥有并能驾驭这些“术”的人本身就是财富，是最有价值的人。

心灵空间的一切心理和精神问题都能被财富自由解决吗？当然不能。

在美国和欧洲，出现精神问题的人中有很多富人，很多看心理医生的人也是富人，因为穷人的心理问题还集中在财富自由问题上，实际的心理问题被财富自由问题掩盖了，当财富自由问题解决时，其他的心理问题就会浮现出来。

在我们吃饱饭还成问题的时候，大家都觉得解决吃饱饭的问题最重要，没想到现在吃饱饭的问题是解决了，但是新的问题又出现了，心脑血管患者日益增多。

家庭追求财富自由绝对是无可厚非的，但是父母一定不要忘了对孩子及自身更为重要的心灵的建设，这关系到原生家庭心灵空间的高度。

报考世界著名大学的人各种各样，穷人和富人都有，物质上的财富绝对不是一个学校考量学生是否可以入学的指标，学校看重的是学生的学习能力和精神品质。你的想法、你的创意才是最关键的，这和物质财富没什么关系。

什么是大众认为的财富自由？就是物质上足够富有、足以应付各种支出。几乎每个人都会追求物质财富，但是赚钱是很不容易的，大多数事情都不能称心如意，因为在赚钱的过程中会受到很多因素的影响，所以不可能人人都拥有极大的物质财富。很多从贫穷中走出来的人身上都有一种品质，那就是除了追求财富自由以外，一直没有放下更为重要的心灵和精神的建设，将之作为其一生的主线来追求和探索。

直觉会产生错觉，人们认为财富自由能够解决一切问题的原因在于嫁接了与直觉相关的情绪，认为自己财富自由以后就什么都行了，但其实还是不行。

原生家庭的父母如果产生了这种盲目的社会归因，并让它进入家庭，那它就会成为父母的心理问题和家庭问题。

随着时代的变迁，财富的负面效应逐渐增多，会给孩子带来一些不好的影响。

追求、探索心灵和精神层级的建设能够带来比单纯追求物质财富更深层次的心灵幸福。很多人还在被物质财富煎熬着、折磨着，虽然也在不停地努力、挣扎和探索着，但是并没有能够将财富看得比其他人更为宽广和深入一些。

人不碰到大事，很难对财富重新下定义。2017年的秋天，我被误诊患病，全家人的心情都跌落到了谷底，朋友送了我一本李开复写的《向死而生》，我是壮着胆子一页页地当作圣经看完的，每一页都做了很多笔记，去学习这些前辈碰到恶性事件时是如何振作起来的。当北京协和医院的专家拿着我的片子一张张仔细地看，喃喃地说没有问题的时候，我并没有如释重负的感觉，而是感到内心发生了很多深层次的变化，让我对人生有了很多新的感悟，这其中也包括对财富的重新定义。

没有大事发生的时候，人的内心深层次变化是累进式的，要通过读很多书、经历很多事才会慢慢改变。但是当发生大事的时候，那些能够翻新灵魂的东西会在突然之间起作用，会使人在内心深处对很多事物重新下定义。人在经历了恐惧、绝望、痛苦后会归于平静，甚至能够平静地交代后事，也会回忆起儿时在父母庇护下的安全感和舒适感，所有的语言在当时都显得苍白无力。我当时突然明白了上天给了每个人百年的光阴，是要让我们好好地珍惜和使用的。

财富其实是每个人自己定义的，健康、快乐、幸福等其实都是财富，如果父母舍弃掉其他因素，只在家庭内传播财富就是钱或权的狭义概念，孩子就会用这种心灵原生质发展和衍生出各种对于财富的浅层的变形认识。在未来的时代中，这样的孩子容易被社会中的浅层利益或者假象所迷惑和欺骗，因为他们不知道那些并不是最重要的。

狭义地定义财富是对财富的误解，但是为什么很多人都有着如果财富自由了就能解决一切问题的错觉呢？说明很多人在目前的状态中都正在受物质财富的困扰、挑战甚至折磨，但是我们要清楚的是一定要在内心把财富的内容定义得更为宽广，要能够转型、觉醒和蜕变；能够控制住狭义财富引发的不良欲望；能够看到自己的不足而不是炫耀自得、以为自己是个人物；能够更加努力地提升自我，珍惜家人、友谊、机会、人生；能够感恩生活，从而使狭义的财富自由得到历练和升华、变得更加有意义。

另一方面，如果一个人拥有了广义的财富自由，就要非常克己和奋进，不浪费自己拥有的才智、学识、资源、生命以及幸福感的体验。

财富自由不是个小问题，是个大问题，是难题，富含的内容很多、很重，约等于生命之重，当你有一天开始真正重新定义财富的时候，就会明白财富到底是什么了。

用文凭换钱

如果人将一切问题都归因于物质财富，那么心灵中就会开始出现极端化思维，缺乏建设精神世界的认知，则人的心灵空间也不再平衡了。

当这些人的内心世界被财富占满的时候，就会迟钝于感知世界的美好，他们的孩子也会慢慢地无法感知世界的美好，不愿意长大和探索世界，没有勇气，甚至会抑郁。这一类父母不是不尽责，而是本身就是财富自由论的受害者。

也有一些父母认为，自己从名校毕业，就应该有好的工作和薪水，因此得不到的时候就会万分沮丧和焦虑。实际上，这种拿着文凭换钱的思想就是典型的用过去看待未来。在现代社会中一个人的能力是不是被认可和学历并没有直接关系。

对于财富自由的狭隘认识，使一些父母产生了极端化思维，在他们的内心，欢乐的因素被排挤殆尽了。财富自由像细菌一样蔓延在父母的心灵空间中，父母只对与财富自由相关的事物才有兴趣、才会认真听，甚至会觉得有参与感和幸福感，于是便形成了非平衡的心灵空间。

长此以往，这些父母就会无心去做充满生活情趣的事情。孩子感兴趣的事情这类父母都不感兴趣，孩子的心灵空间会被父母世俗化、成人化，孩子的慢生活会变为跟父母一样的快生活，孩子的心灵空间里会弥漫着父母的价值观以及与此相关的狭隘认知，孩子和原生家庭的心灵层级都会开始下降。

我发现，近三十年的文学作品很多都是在描写爱情、人性和人的命运在社会的变革中如何随着社会的权力和资源结构的变化而变化，以及描写人们精神世界的追求和变化。

这些文学作品里都有对爱情的描写，这说明爱情是很重要的，爱情是和家庭、幸福联系在一起的，是和对人生、对人的根本看法联系在一起的。人类的很多思想是由爱情带来的，很多战争也是由爱情发动的，很多财富、政治的变迁也是由爱情引起的，爱情是男女关系中的第一大起始变量。有了爱情才有亲情，有了亲情才有家庭，之后亲情会反哺爱情。

我非常佩服那些从来不简单追求物质财富的文学家和艺术家，因为他们是在追求本性的灵魂，是一种更高层级的精神。通过他们的作品，我看到人们一直在潜意识中追求和调整着精神世界的建设，其中富含着意志、坚韧、乐观，父母要把这些品质显性化，要刻意地配置、组织、建设，使其在原生家庭中发挥作用，不要被直觉蒙蔽产生错觉。

在人们心中没有被直觉的阳光照到的地方，依然有潜意识的精神建设，人们依然在有意、无意地培养着它，请用直觉的阳光照到它，让财富自由和精神建设一起成长，只有双方一起成长，人们才能真正地走出直觉引发的错觉的怪圈，才能真正地使人成为人，而不是金钱的奴隶。

我们要让孩子明白什么是生活，什么是诗和远方，要知远，也要能体会温暖的人世间，如此才能让我们自己和孩子的未来都走得更远更好，才能真正地让我们自己和孩子都能够感知世间的美好、获得人生的幸福。

父母能实现家庭与孩子的双赢吗?

原生家庭父母虽然在潜意识中将孩子放在最主要的位置，但很多时候不能全心全意地关注孩子，因为父母还要处理很多生活和社会问题。

每天，生活和社会问题发生的频率、紧迫程度都很高，也比孩子的问题和事情更多，父母在潜意识中认为培养孩子的工作是长期的系统性工作，需要处理的方面很多，而生活和社会问题更为突发，是非系统性的问题。由于生活和社会问题中突发事件很多，因此，从实际的效应和结果来看，父母是把孩子放在了次要的位置上。

这种现象其实反映出几个重要的信息。

第一，父母每天要处理大量的与家庭、工作、生活、社会相关的必须处理的问题，也就是规定动作，这会占用父母大量的心灵空间，耗费大量的心力。毫无疑问，这是父母支撑起家的基础。

第二，父母潜意识里知道培养孩子是一个见效慢、时间长、系统性的工作，但是认为这项工作可以稍微推迟一下，先让位给其他比较紧急的事情或任务，之后再去补偿。

于是就出现了一种现象：父母在培养孩子上时断时续，会在某一个点上进行补偿或者过度补偿，而不是在日常生活中持续地摊平。

父母不知道，这其实是父母的认知误区。孩子的心灵成长存在着重要的窗口期，一旦错过就难以弥补，因此父母要有松紧结合的持续性举措，这是促使孩子独立成长的基础。

父母的持续性举措是孩子独立成长的基础，是不能被随意安排的。

第三，来自生活和工作的焦虑以及培养孩子的焦虑对原生家庭父母交替作用着，孩子的地位在主要和次要位置上频繁交替着。

父母的焦虑从未停止过，有时工作的压力也会使父母在潜意识中产生出培养孩子的焦虑，但是在培养孩子问题上的不断受挫会使一些父母气馁，从而把工作重点放回到家庭问题上，试图通过解决家庭问题来解决培养孩子的问题。

但是，家庭的发展和孩子的发展是一回事吗？父母可以实现双赢吗？

很多人被问到这个问题后都会一声叹息，一些父母自身很优秀，但是孩子却没能做到和自己一样优秀。

实际上，对于家庭的发展和孩子的发展，很少有人能够做到双赢。首先，家庭的发展和孩子的发展是存在资源竞争的，竞争的是父母的时间、精力、心灵空间。其次，一些父母认为家庭发展好了，孩子就自然会发展好，至少会比父母好很多，这个逻辑是错误的，因为原生家庭空间与孩子的心灵空间本身就是两个空间，如果双方都在各自的空间中独立发展，没有产生多少交集，那么原生家庭对于孩子心灵成长的影响就无从谈起。

第4章

原生家庭如何打造争夺之路？

现在，相信父母应该比较了解自己的对手了，也知道该如何初建孩子的心灵空间了，下面来谈谈父母在这场争夺战中应该如何为孩子打造原生家庭空间。

原生家庭的资源

原生家庭中父母与孩子掌握的资源是极度不对称的，无论是财富资源、决策资源，还是生存资源等都集中在父母的手中，这些资源是离孩子最近的，是可以真正帮助孩子实现目标的，同时，这种非均衡的资源集中其实对父母提出了一个很高的要求——父母要让原生家庭的资源成为对孩子心灵成长真正有效的资源。

父母认为的资源未必会对孩子的心灵成长和初步成才有用，只有那些能够在成长道路上一直支撑孩子的资源才算是有效资源。孩子的成长就像一滴水从雪山山顶流进大海，需要经历千山万水，在这过程中只有那些对孩子真正起到支持和帮助作用的才是有效资源。

也许你是亿万富翁，但是对孩子的有效资源可能只是学费。

也许你有很大的房子，但孩子的需求可能只是一个小小的容身之所。

也许你有很多的见识，但是你是否用你的见识为孩子设立了未来真正有效的格局和目标？你是否用你的见识和知识使孩子从心灵上认可了你的想法，并且将这些想法、愿景和格局化作孩子自己追求的目标呢？

如果没有的话，即使家境富足，孩子最终也可能会成为一个成天吃喝玩乐、满嘴夸夸其谈的纨绔子弟，甚至道德败坏，没有形成良好的生活习惯和优秀的心灵品质。

也有一些物质上不富裕的家庭，但是其运用心灵资源的能力很强，父母能够将这些心灵资源成功地与孩子进行共振，让孩子在心灵上认可，成为孩子心灵前进的动力资源，不断地驱使孩子一往无前地去追寻、探索，并且孩子能够在成长的过程中不断地吸收社会上的其他资源来弥补原生家庭资源的不足，最终成才。

父母的任务是艰巨的，因为父母对孩子的影响将是难以逆转的。父母的任务不是简单地供孩子吃喝，而是要使孩子的思想有生命力，使孩子的内心升级、重组，具有再认识的能力。父母的资源是使孩子能够具备这种习惯和提高能力。比如，孩子喜欢小动物，想养只猫，但父母觉得家里的条件不太适合养猫，此时父母不要生硬地拒绝孩子，而是要让孩子自己去思考。

“小猫的确很可爱，爸爸也很喜欢。那么，小猫来咱家以后住在哪里呢？”

“小猫跟我住在一起，就在我的房间里。”

“你知道小猫喜欢做什么、喜欢睡在哪里、有什么习性吗？”

“不知道，爸爸您知道吗？”

“爸爸也不是特别清楚，咱们先把小猫成长需要的环境、小猫的习性等问题研究清楚再决定养不养吧，否则咱们养不好小猫，小猫也会难过的，你看呢？”

“好的，爸爸，那咱们赶紧研究。”

然后，父母与孩子一起提出各种问题、查阅相关资料，最后一起做出决策。在此过程中，孩子会深入理解一些概念，比如猫科动物、宠物、饲养、陪伴、生病等，会不断地分析、比较养与不养的区别，会探究事情背后的很多道理，会独立思考。

同时，父母要发现孩子，要真正地走进孩子的心灵去培养他，因为父母的资源是不能直接走进孩子心灵的，必须通过间接的方式进入。

父母在走进孩子心灵的过程中，需要把手里的资源当成木桩和工具来支撑、架设起孩子的心灵空间，这些资源只有经过父母的手走进孩子的心灵中弥补孩子心灵的空缺、解除心灵的困境，才能成为孩子的有效资源，从而释放出孩子自身的能量。

另外，在原生家庭资源这么集中的情况下，我们不要忽略孩子心灵能力的发展，而要找到具体的途径来帮助孩子，让孩子的心灵力量、心灵能力、智慧能力得到发展。

有些父母认为，自己做好了外部的事情孩子的心灵就能很好地成长。客观来看，二者之间确有关联，但不是直接关联，就像父母认为孩子上了培训班成绩就能好一样，知识有人教和孩子能否将这些知识重新认识、组合并内化成为自我的能量是两码事，两者之间并没有直接关联。我们培养孩子的目的是要使孩子的心灵资源获得巨大的释放和成长，而孩子的兴趣就是孩子自己的心灵资源。

孩子能够释放自我的心灵能量和资源，能够经常体现出对事物的兴趣，能够非常主动地学习和思考，能够积极地寻找、吸收身边的各种资源来壮大自己，这些特征才是孩子未来能够真正成才的前提。

在孩子吸收外部资源的过程中，需要父母的陪伴以及广博的见识作为辅助，但前提是这些资源是孩子心灵成长所需的资源，而不是父母强加给孩子的。父母一定要走进孩子的心灵，轻轻地发现和唤醒孩子。

我在前面谈到过快消式文化，快消式文化是一种社会现象，在年轻人身上体现得尤为明显。年轻人的生活看起来丰富多彩，但是这种快速转换主题的生活使其难以长期集中精力在某项内容和领域上，很少做对人生长远的规划和重要的事情，会出现比较持续的焦虑。

每个人的资源都是有限的，尤其是在一线城市，大家浪费的资源很多，比如通勤时间长、东西贵、资源少、限制多，这些都会导致人们做事的效率变低，无法聚集能量专注在自己认为比较重要的几件事情上，内心不静，精力在无差别地快速分散和流失，这就是快消式文化的特点。

过快消式文化生活的人通常比较孤独，尤其是在一线城市中，为了突破这种生活，很多人通常会利用学习或考试来对冲，促使自己进行深层思考。

父母的精力和资源被社会、家庭、工作、生活等各个方面占据着，能够供自己支配的时间很少，对自己的关注越来越少，对自己的认识并不完整，对于爱人的感受也并非真实，因为人在内心深处并不愿意触及自己的缺点。

很多家庭都没有整理过自己的资源，包括时间、财富、智力、耐心、兴趣、心气等，父母只是在快速地奔忙着，过着无长远目标的生活，偶然性行为很多。

有些智慧的父母虽然身体处于快消式文化的状态，但是会挤出时间培养自身的耐心和精力，采取对冲措施来对家庭进行安排，防止自己心灵疲倦，防止孩子进入这种快消式文化的生活节奏中，这样的父母是对自己和孩子的未来负责的。

也有很多父母对于快消式文化生活没有太多意识。快消品的特点是回报率极低，因此父母如果要保持自身的价值就必须做增值的安排。对于外卖、旅游、外出就餐这些快速消费，父母在取得方便性、恢复心灵活力的同时有没有挤出时间和精力去做更有意义的事情？如果没有，那么这些快速消费就几乎没有什么回报价值。比如，父母带孩子外出吃饭，让孩子选择餐厅，与孩子一起讨论，引导孩子思考。

“你为什么选择这家餐厅？”

“因为我喜欢这家餐厅的颜色，而且这里的饺子很好吃。”

“我觉得你说的很有道理，你看好像每桌都点了饺子。”

“真的是，爸爸，看来不只是我一个人喜欢吃啊。”

“你看看这家餐厅的顾客都是什么人？”

“有好几桌都是父母带着孩子，可能他们都住在附近吧。”

“你真棒，你发现了一个事实，这家餐厅的主要服务对象就是附近小区的居民。”

原生家庭的建设需要父母付出很多，但是这种付出会使孩子的未来超越父母的想象，父母从中获取的价值和快乐也会超越自己的想象。

每个家庭的资源都是有限的，父母把那些有形的、无形的资源利用到了什么地方？所谓的“把钱花在刀刃上”是父母的责任。

财富的贡献很大，未必大过陪伴的贡献；陪伴的贡献很大，未必大过耐心的贡献；耐心的贡献很大，未必大过交流的贡献；交流的贡献很大，未必大过心灵深层次疼爱的贡献；心灵深层次疼爱的贡献很大，未必大过孩子心灵觉醒、感知到父母对自己无边的爱。

父母要带着孩子一起探索每一个生活领域和角落，学习每一种交流的方式，体会每一种心境的模拟，感受与每一个故事人物的心灵互动，品味每一次共同分析和评价情境带来的心灵共振，能够沉浸在每一次愉快的心理体验中，感受双方心灵空间的膨胀和心灵能量的增加。

父母要充分利用孩子天然的信任，让孩子能够体会到父母在帮助自己构建心灵空间、弥补自己的心灵短板，这样孩子才会发自内心地爱和信任父母，哪怕只是父母的一些平常的举动都会震撼孩子的心灵，使孩子产生心灵的激荡，孩子的这种心灵连锁反应会远远超出父母的想象，也会唤醒孩子对于原生家庭的再认识，消除双方的误解。

为了培养孩子成才，不让孩子的心灵被社会信息夺走，父母走进孩子心灵所做的工作，无论是外部的观察还是内心的共振，都需要父母拿出认真细致的匠人精神。比如，父母要与孩子共同阅读人生、解读世界和情境，而不是简单地停留在告诉孩子父母创造资源不易的说辞上，因为这些资源很可能是一些外部的简单资源，而非能使孩子心灵成长的有效资源。

父母通过努力获得了这些生活资源，但只是给孩子提供了基本的资源环境，这些资源能否成为支撑性的、持续性的、稳定性的、能产生实效的，使孩子成才的资源？父母还有着大量的工作要做。

原生家庭的康庄大道

美国前总统罗斯福的家族在美国是一个很大的政治家族，对美国产生了深远的影响。罗斯福虽然很忙，但是一有空就回家，家庭意识比较强，也非常认真地教养孩子，因为他的长辈也是这么教育他的。

我为什么要谈罗斯福总统呢？因为他是一个非常有代表性的人

物。当时的美国面临着往何处发展的问题，历史的岔路口有很多，谁执政对美国造成的影响都会不一样，而当时很多美国政治家的立场是飘忽不定的。正是因为罗斯福家族拥有一些在当时而言非常正确的观念，并且非常勇敢和积极，在美国经济大萧条时期推出了新政振兴经济，稳定了当时的美国社会，使美国较快地从萧条中走了出来，虽然后来美国也卷入了二战，但是罗斯福总统依然能够带领美国安然度过，可以说罗斯福总统在这两大重要的历史关口都展示出了非凡的才干。

对于一个家庭而言，向什么方向发展，发展的路上如何安排，要达到什么样的目的，在这几点上父母不能够糊涂。

有一些物质条件不错的家庭，父母可能认为自己已经完成了涉及家庭发展和培养孩子的所有事情，但其实还差得很远。

我用家庭与国家类比，是想说，父母要有清醒的认识，父母首先要知道家庭是什么，家庭不仅是休息的地方，更是用来补给的港湾，是回归和出航的地方。

作为家庭的掌舵人，父母掌握着家庭中所有的情境、场景的创设和安排管理。

因此，父母为孩子和家庭设计的应该是康庄大道，要为孩子和家庭的未来谋划好格局，要将孩子和家庭向上拔升。孩子会滑落是因为父母先滑落了。

当父母确定了整个家庭未来的格局和大道后，后续的实现过程就需要对环境、情境进行创设了，创设的资源在父母手中，父母的设计对孩子的未来至关重要。

比如，有的家庭住房面积虽然不大，但是干净整洁，父母很用心地布置，贴着墙面打造书柜，里面放满了书，旁边放一个小沙发，方便孩子随手拿一本书坐下来看；而有的家庭虽然物理空间很大，但是进去以后感觉杂乱无章，东西堆得到处都是。家庭的陈设使孩子能更深刻地解读生活的意义，培养孩子的独立智慧思维。

创设不匆忙的原生家庭场景

孩子的记忆多为情境记忆，然后与现实生活不断相互作用和缠绕，孩子的学习是一种持续的、潜意识的、长期的学习，因此场景的创设非常重要。

场景的创设是父母的心灵空间在现实世界中的反映，父母引导孩子融入这些场景，并间接地在孩子心灵中建设起对应的场景，从而整体性带动孩子心灵空间和场景的变化及发展。家庭的陈设能使孩子更加深刻地解读生活的意义，培养孩子的独立智慧思维。有的家庭陈设简洁、干净，主调明确，灯光温和，区域布置合理，一看就知道这家的主人动了心思，这类家庭给人的感觉是心灵整洁有力量，这是父母的心灵在现实世界中的投影。

比如阅读，父母有没有人为地创设有规律的阅读时间、环境、场景和互动环节呢？对于孩子而言，家里布置好一个角落，两个小书架，一盏温和的灯，父母与孩子促膝而坐，与孩子进行互动式、扮演式的阅读，双方对故事内容进行深层次的讨论，就能使父母轻松地走入孩子的心灵空间。在这个过程中，孩子的心灵会发生很多变化。

首先，孩子喜欢上了这种场景，体会到了这种场景所带来的快乐和温馨，在内心构建起和此场景相一致的秩序，比如相似的灯光、色调和音调会让孩子有安全感和归属感，孩子会享受在这种安静的环境中用心品味书的感觉，能从整体上改变孩子的心灵环境。

阅读是需要心灵整体性参与的，能够持续有计划地形成人的心灵习惯，如果孩子能和父母一起浸泡在这种温馨、幸福、愉快的心灵背景环境中，那么对孩子有利的方面就会非常多，不仅有利于孩子自身的发展、和父母的交流，更重要的是孩子能和父母共享同一个心灵空间，孩子能理解故事里很多的观念、情节，并在自己的心灵中产生附着感、流动感、位置感，双方共同地、结构性地把握住了故事的总体，而且经过对故事的评论和讨论，双方都能清晰地看到走入对方心灵空间的轨迹。比如，父母和孩子一起读福尔摩斯的故事，一起讨论里面的情节，模仿福尔摩斯的样子，拿着放大镜到处寻找线索等，孩子会乐此不疲地玩上半天。

为什么一些了不起的哲学家、科学家、人文学家会提倡孩子不要只看数理化方面的专业书籍，还要读一些美术、音乐等方面的艺术书籍呢？因为这些模糊的符号、概念、情境、信息等能够从另一方面解释和描绘事件、情境和世界，这些模糊元素构成的高级信息冲击着人们的心灵，使人们能够用心灵的更高层次进行更为完整的把握和理解。

孩子内心的符号和音调将会对其未来的发展产生很好的影响。父母的见识会带给孩子清晰的暗示，即世界是无穷无尽的，蕴含着很多看不到的美。我们能看到的一些东西，比如数字和图形的美都是比较具体的，背后暗含的遥远智慧和力量是深远和优美的，等等。这些暗示会直接影响孩子心灵的格局和层次。

高级的启蒙往往都是非直接的启蒙，特别是如果孩子未来从事比较复杂、需要深层次思考的工作的时候，原生家庭父母给予孩子最初的这块领域的启蒙就是非常重要的。

这些场景的内容远远超越了国民生产总值、数理化的精确科学描述。音乐、绘画、诗词、谚语、传说等，与现代常用符号不一致的事物往往能使人从另一个角度看待世界以及理解历史，能使人的心灵陡然向前扩展几百年，甚至几千年。

比如，父母给孩子讲诸葛亮草船借箭的故事，与孩子分别扮演诸葛亮、曹操、周瑜等角色并进行互动，让孩子把自己当作他们，想象他们分别会说什么，就能使原生家庭的时空一下子回到三国时期，在心灵上跨越千年去体验另一个情境，能够带给孩子多少震撼和智慧啊！

情境、家庭氛围的创设权都非均衡地掌握在父母手中，父母不要忘了自己正拿着这把心灵情境的钥匙，孩子需要你来打开他们的心灵空间。

下面我再讲一下情境创设中的快生活和慢生活。

父母是情境和环境创设中的最关键因素，是导演也是主演，父母给出了什么样的舞台设计和剧本，按照什么样的节奏和方式引导原生家庭的生活内容和节奏，这些都为孩子创设了原生家庭场景。

父母要注意的是，把自己的乐观情绪或消极情绪中的某一个带入原生家庭中，对孩子产生的影响是有很大区别的。家里每天上演的生活情景剧会对孩子的心灵产生重要的影响，因为孩子本身也是参演者，受到父母情绪的直接影响。

原生家庭主角的情绪和性格特征就是父母在反映着自己内在的心灵状态，谱写着家庭的剧本，设计着生活情景剧的桥段，而这一切都会冲击孩子的心灵。

父母要教给孩子的是在忙碌的生活中努力思考、积极探索，做好孩子的智慧启蒙，提高孩子的思维能力，使其能在生活的点滴中积累智慧财富，扩张心灵空间。生活的品质不仅仅体现在家庭富裕和顺利的时候，恰恰是在人生转折和低谷的时候，人们才能够获得更多的心灵财富。

你的作品卖座吗?

父母的情绪和性格会在现实生活的情景剧中体现出作为主演和导演的灵魂作用。如果孩子每天在家中看到的导演和主演是高尚克己、追求完美、努力勇敢的人，那么这个效果就相当于看励志电影，那种勇敢坚韧的心灵力量会输入到孩子的心灵空间。

我们经常会忽略原生家庭环境和场景的创设，这些现实版的、最重要的生活情景剧，每天都在我们生活和心灵的每一个角落上演着，父母的行为判断、价值观、品行都在给唯一的、最重要的观众——孩子的心灵进行着展示和暗示。

父母精心设计的措辞、言语表达、心灵空间的烘托背景绝不亚于任何一部优秀的歌剧、音乐剧或电影。

父母在演自己的时候不需要表演他人的角色、体验他人的心灵，但往往会忽略原生家庭情境和环境的创设，以及在这些实际环境下所体现出的心灵表演的细节。

人们都说孩子最大的老师是父母，父母要言传身教，父母怎么言传身教呢？其实就是要在这部原生家庭史诗般的大剧中表现出真正的主角的作用。

大家都愿意去寻找、追随积极向上的心灵声音，回避、厌恶那些消极的心灵声音。如果父母在家里演了很多悲伤的、情绪低沉的剧，甚至是暴力剧，那么孩子对原生家庭会越来越失望。不幸的是，有些孩子看了多年这样的剧，心里非常难受，不得不去社会上寻找和吸收积极的因素来摆脱对原生家庭中父母作为导演和主角的不称职的印象。这样的原生家庭环境和场景的创设，大家能给导演打几分呢？

因此，父母有没有利用好原生家庭中的非均衡资源和权力去创设原生家庭的场景和环境？创设出了怎样的物理环境和心灵环境？

有什么样的规划和做法？这些都需要父母仔细思考。

关于做法，我前面讲了阅读，下面我再讲一下旅行。

旅行是孩子内心非常渴望的事情，可以快速突破孩子的心灵和生活范围，孩子可以在不同空间中吸收不一样的心灵成长养分。

旅行非常有意义，对于孩子而言，旅行最大的意义是一家人在一起对旅途中碰到的新信息进行共同的解读，这些新信息的意义超越了原生家庭原有的内部信息的意义。

不同的空间、人群、事件中聚集着不同的历史、现实、文化因素，在拥有了这些新的元素之后，一家人对新的物理、文化空间的感受会创造新的共享心灵空间，一家人共同收集、研究、解读这个心灵空间，使大家的心灵可以在不同的物理空间、文化、习俗、价值观中再次开启一段新的心灵旅行。

父母与孩子共同研判创设的新的心灵场景可以融合到外部的环境中，解读其中的历史、人物、重要事件、人生的转折点，从而增加自我对自然、世界、人文、社会、人生的更多认知和感受。

比如，父母带孩子到西安旅行，来到大雁塔处，父母给孩子讲大雁塔的历史和由来，为孩子讲玄奘法师是如何去的天竺，带回了什么经书，解除了人们的什么痛苦。父母带孩子在西安看那些古城墙，告诉孩子这就是历史的尘埃和遗迹，与孩子一起想象中国古代的盛唐场景，想象当时的人们是如何创造大唐盛世的辉煌的。像李白、杜甫等大诗人都在长安城待过，当孩子看过真实的场景后，再读唐诗的时候就会有很多代入感。父母再带孩子到西安博物馆看一看出土的文物，让孩子近距离欣赏这些中国顶级艺术品和日用品，感受事物的变迁，去体会“长安一片月，万户捣衣声”这句唐诗中描绘的风景和人文情怀。

父母带孩子进行有意义的旅行，让孩子和民族英雄、大文豪等人物进行精神交流，对孩子的思想启蒙和精神品质的培养都有非凡的意义。父母刻意安排好的旅行能够给孩子一些暗示，即现在的生活和心灵空间都是暂时的，而外部的世界是很大的，会增强孩子的心灵弹性和解放孩子的心灵，从而使孩子能够面对挫折。

父母也可以带孩子去一些经济欠发达的地区，让孩子与当地人比较生活方式和心灵的状态，感受当地人的乐观。因为任何人身上都有我们值得学习的地方。

那些经济欠发达地区的人们乐观的精神状态和落后的物质条件会对孩子的心灵空间形成冲击，会使孩子发生一些关键品质的变化，比如改变自己原来比较浪费的生活方式。孩子在精神丰厚与物质落后的矛盾环境中，会在自我的心灵空间中探寻什么是快乐、什么是人生的价值等重要问题，父母要趁机帮助孩子建立适应未来的心灵品质。一些我们在日常生活中不起眼儿的事物可能会在旅行中变得非常醒目，令父母和孩子刻骨铭心。

父母带孩子旅行不是让孩子简单地体验坐火车、乘飞机和轮船，这些都是一些外部场景的简单变化。我们培养孩子的目的是要让孩子能够自主思考，包括阅读和旅行在内的做法都可以使我们寻找到更多的外部新环境的信息和场景，从而可以与孩子在新的心灵场景下进行原生家庭成员间的共同研判和共享心灵空间，双方充分利用心灵空间来解读和学习新事物，去体会不同的世界和心灵空间，从而迈向一个新的自我。

因此，我们要用好阅读和旅行，让其成为孩子最早的原创根源。

孩子的教育无时无刻不体现出父母的智慧和心灵水平。

父母的智慧是要把孩子的原生家庭建设成一个现在不令人沮丧、未来不令人遗憾的地方。

为孩子描绘心灵的图谱

现代家庭的社会压力比较大，焦虑比较多，这些压力和焦虑渗透到家庭中并影响了家庭的价值观。这种情况让很多家庭更为看重物质财富，缺少精神偶像。

为什么父母要在家庭中为孩子树立其他精神偶像呢？

因为精神偶像可以使孩子产生源源不断的正面心理势能，从而获取更大的心灵空间和能量。

父母认真的欣赏、严肃的赞许和尊敬，告诉孩子有些人很了不起，为孩子讲这些人严肃、认真、努力地奋斗的故事，这个过程就是在向孩子源源不断地输送各种精神偶像的能量，就是在向孩子的心灵空间输入心灵原生质。

特别是父母为孩子讲述那些人的言谈举止、道德水准，或者带着孩子去见那些人，都会极大地开阔孩子的眼界，孩子会感知到不同的人的生活及他们的心灵空间。那些人的生活空间也许与自己的家庭有交集，但是他们的心灵空间和能量、视野和事业的范围是不同的。

这种近距离接触精神偶像的作用是非常大的，会深深地影响孩子的心灵，并且这种影响的持续时间之长会超过父母的想象。

父母将这些精神偶像介绍给孩子，能够让孩子感受到人类精神的高尚，使孩子的心灵空间得到扩张，心灵力量得到增加。

父母的介绍和深度讲解能使孩子体会到世界的五彩斑斓，使孩子的精神世界异常丰富，使孩子的心灵能够不被社会直接打扰，而且乐于向外扩展。

一个孩子在原生家庭中经历过多少这样不平凡的心灵空间，被父母介绍了多少精神偶像的心灵空间，这些都将影响着孩子的心灵成长。

当今社会的信息非常丰富，获取信息的途径很发达，原生家庭父母可以通过各种媒介了解那些了不起的人，并把这些人的心灵介绍给孩子，孩子在成长的过程中就会真正地吸收、合并、追寻和推崇这些心灵空间，使自我的心灵空间发生很大变化。

这些才是让孩子潜移默化学习的心灵教材，这些心灵教材反映着父母的价值观，也会被孩子深刻地理解为这是父母真正推崇的人和心灵，这种精神生活方式和发展奋斗方式是父母的价值观，孩子会在潜意识中学习这本父母编写的重要的心灵教材。

这是深度阅读的另外一个重要版本，对孩子的影响是极大的。

如果父母给孩子读书是一回事，但是在日常生活中的心灵版本却是另外一个样子，那孩子只会觉得父母读的是书里的故事，跟自己没有什么关系。这是父母的心灵教材没有编辑好。

父母在编辑这本心灵教材的时候选取了什么样的人、事迹、事件、心灵空间、心灵发展路径等，会让孩子体会到父母内心真正认可的事物。每一个家庭都应该有一本父母主编的心灵教材。

现在的父母，尤其是一线城市的父母，时间和精力被挤占掉很多，能够放在家庭的时间很少，容易忘记以前闯荡时的自己和各种大师的精神给予自己的心灵鼓舞。

平凡的家庭生活带给孩子的心灵升级毕竟有限，父母自己的灵魂也突破不了自己的心灵空间，因此一定要借助层级更高的灵魂使自己和孩子突破和扩展心灵空间。

父母想让孩子成为什么样的人？这是需要父母不断发现和探索的，但是宗旨是要让孩子成为一个对社会有益的、心灵高尚的人。在这个不变的原则下，父母要不断地找各种事例、人物，将心灵空间编辑和介绍给孩子，在家庭生活中陈设和解析好这些心灵背景，供孩子进入这些心灵空间、打开自己的心灵空间，这项重要的家庭教育工作我们不要忽视和缺失了。

父母对孩子的教育影响是最大的，孩子读别人的版本、读父母的版本和读父母的心灵空间是三个层级，当孩子读到了父母的心灵空间时，会把其他书都当作参考书看。

父母如果能够为孩子编辑一本很好的心灵读本让孩子读自己的心灵的话，那么孩子走入父母的心灵空间时就会看到里面有很多主人公，就会看到那些了不起的英雄人物和那些高尚的灵魂，就会看到那些心灵不断蜕变的过程以及不间断的自信和勇气是如何产生的，这会成为孩子最大的心灵源动力。

父母的成功是不能直接移植给孩子的，孩子心灵的自信、自我蜕变能力的增强，需要父母编辑好心灵读本，让孩子走入自己的心灵空间里，让孩子长见识、开眼界，不断地熟悉并生活在那里。

这样，孩子才能将其吸收、嫁接到自己的心灵空间里，不断地在心灵上追逐、模仿那些了不起的人，从而继承、传承、超越父母的优秀。

孩子未来的胆魄、自信、从容、奋斗都会来自父母主编的这部心灵读本，孩子真正模仿的是父母的心灵。

第5章

塑造孩子的心灵支柱——灵魂

原生家庭父母给孩子输入心灵原生质是希望这些精神品质能够成为孩子未来的心灵支柱，能够支撑孩子一生前行。那么怎样输入才能让孩子将之坚固地纳入自我的心灵空间中呢？其实，心灵原生质的输入是有技巧的。

无声电影相对于有声电影，泛读相对于精读

大家看过无声电影吗？比如卓别林（英国著名导演、演员）的电影。无声电影和现在的电影有什么不一样？有人说无声电影留下的想象空间很多，其实无声电影里主要是一些动作和表情线索，给人留下的想象线索比较有限，人们对于电影场景中的细节只能进行模糊的猜测和想象。

那么，有声的现代电影和立体电影呢？与无声电影相比，现代电影加入了语言、语调的信息，能够表达的心灵空间的层次、深度和细节都很多，人们可以产生对于情境更为广阔的勾勒。而立体电影就更加身临其境了，就像站在其中和角色谈话一样，获得的信息也更多了，突破了看别人演戏的感觉，像是自己在参与演出。

大家都经历过多年的学习，都知道在语文学习中有泛读和精读，那么泛读和精读的区别是什么呢？

泛读是一种读课外读物式的读书方式，读故事、读报纸、读文章，不用咬文嚼字。而精读是需要老师讲解的，老师会对课文做深刻的讲解、分析，不仅讲文章的中心思想、段落布局，还会反复挖掘文章中不同词汇、语句、结构的意义等。老师对于精读的文章讲解的速度比较慢，会对一句话进行反复的讲解。其实泛读就像我们在看无声电影，知道了电影大概的意思和思想，而**精读就像我们看立体电影，是一种真正的心灵阅读。**

父母现在都知道阅读的重要性，但是父母首先要知道阅读会对孩子产生的深远和重大的影响，这是本章研究的意义所在。

我们在学习语文时会先学习新词，后造句，最后抓住中心思想写作文。实际上，这就是深度学习的过程，从这个过程中也可以看出泛读和精读之间的差别。如果我们想让阅读发挥出真正作用的话，简单意义上的讲故事是不会对孩子产生重大影响的。

很多人在社会上学习是通过观察社会、对亲历事件进行总结来获取知识的，但这只是泛泛的学习；也有人通过同伴之间的交流，通过别人对事情的不同看法和讲解来加深自己对于事情的理解程度；还有人是通过向长辈咨询来解析事物的本质和吸收养分的。

也有人没上过学，他们大多出身贫寒，连上学的机会都没有，也没什么文化，但是处世的能力很强，那么他们的知识是如何获取的呢？是通过对社会的观察、在社会上的亲身经历，以及向别人请教而获取的。

但是，只有这些也还不够。

他们还需要进行深度的阅读。他们大多阅读了古今中外经典的文学作品，通过阅读明白很多做人的道理和价值观，再结合评书、戏剧等艺术表现形式，从而可以更加细致和深入地了解作品，相当于进行了精读。

塑造孩子灵魂的深度阅读

归纳上面的内容，其实是要告诉大家，**一般的阅读是不能塑造孩子的灵魂的。**

所有人都经历过家庭、学校、社会中的成长，但是往往只吸收了一些普通的知识和价值观，灵魂并没有发生变化。

知识是如何塑造人的与众不同的？

小时候，我的邻居中有一些南方人，他们后来回到老家去上学了，但是父母还在这边工作。他们放暑假的时候回来告诉我，他们学习《红楼梦》的时候，学校是请苏州大学中文系的老师来讲解的，老师不是一句一句地讲解小说，而是讲《红楼梦》的历史、文化背景等。

当孩子知道《红楼梦》的写作背景后，他们再去看书中的内容就能感受到曹家兴衰的心境，理解王熙凤的不易、刘姥姥的心机、贾母的风范、林黛玉注定的悲剧等，就会有不一样的体验，而不只是知道《红楼梦》是中国的四大名著之一。

深度阅读是非常重要的，这是父母在原生家庭中为孩子打开通往其他情境和世界的窗口。当孩子拿着书自己读或者和父母一起阅读的时候，父母是笼统地读一读，还是给孩子做了一些简单的讲解呢？

很多父母给孩子讲故事往往只是泛读式的，虽然也给孩子讲故事，读人、读事、读意义，但是读人，只讲了主人公的名字，孩子对其仅留有简单的印象；读事，只讲了故事的梗概，孩子很难把握故事的全貌和细节；至于意义，很多父母更是没有涉及这样的层级，使得孩子只是简单地停留在知道人物名字和了解故事的情节上，心灵空间没有发生变化。以上就是很多父母为孩子讲故事的现状。

另外，父母深度讲解的缺失也体现在语言词汇的匮乏上。很多父母习惯用简单的词汇为孩子讲解故事，缺少了背景描述、心灵描述、形容人物关键特征的词汇，这些词汇的缺失必然会导致孩子在心灵空间中很难产生与这些词汇相对应的抽象思维，孩子连这些词汇都不知道，也就难以牵动孩子在心灵空间中的抽象场景。

比如，我们说一位女性漂亮可以用很多细致的词汇来形容，嘴角上翘、睫毛浓密、眼角上扬、五官柔和、双目斜飞、长眉入鬓……这些词汇并不是华丽的辞藻，而是对人物特征的精练描述，没有这些细致的词汇，孩子的心灵就很难被牵动，阅读的效果就会比较差。

一些孩子，到了抽象阶段的学习就很困难，比如学到物理场的概念时就很难理解了，这是因为他们的父母本身不具备这些知识，无法把丰富的词汇、关系、关键特征总结告诉给孩子，就无法牵动孩子的心灵，就无法在孩子的心灵中建立对应的抽象情境，就无法培养孩子在心灵中重组心灵场景的抽象化能力，这种抽象化能力是重要的长期思维习惯。

我在此只是告诉父母，如果父母每天给孩子讲的都是简单的日常语言，那么在故事梗概和人物间就会留下巨大的空白，而孩子是很难自行去填充这些空白的。

父母在做深度阅读的时候，孩子心灵的活动和变化比外界的影响更为重要。如果父母没有将这些关键的心灵情境、特征进行描述和解读，就很难让孩子走入故事中人物的心灵空间去感受、模拟、比较，去思考自己在那个情况下会有怎样的心理活动。如果父母为孩子阅读时忽略了这些深度描述和讲解，就不会养成孩子填补故事中空白的习惯，从而导致孩子抽象思维习惯和能力的缺失。

在孩子早期的原生家庭生活中，父母在阅读的时候，要运用丰富的词汇进行细致的讲解，让孩子在阅读中去辨析不同词汇间细致的差别，千万不要小瞧了孩子对于词汇的敏感度，孩子的语言天赋与学习能力是很强的。语言词汇的要求是深度阅读最基本的要求之一。

语文老师的要求和自己看小说的要求是完全不同的，语文老师把一篇大师的文章讲得很透彻，每一个词所对应的背景、模拟的场景都能牵动孩子的想象力。

什么是想象力？就是基于某种情境语言与符号刺激而产生的联想到其他事物的一种能力，是可以在大脑中进行组织和再现的。

东晋名士谢安在雪天举行家庭聚会，他哥哥的长子说“撒盐空中差可拟”，他哥哥的女儿说“未若柳絮因风起”，撒盐是指雪下得非常快，快得让人看不清楚雪粒，而柳絮则是指雪绒非常轻、随风飘舞。同样是描绘下大雪，兄妹两人的诗句营造的情境就完全不同。父母可以多用这种语句给孩子详细地解释下雪的场景，让孩子感受不同语句带来的不同情境，让孩子从多方位、多角度去思考，从而打开和扩展孩子的心灵空间。

心灵的蜕变

是什么给孩子带去了不同的感受和想象力？是父母深度阅读的细致程度。**父母用深度阅读来牵动孩子心灵空间的抽象情境，训练、组织和引导着孩子的抽象思维能力。**

什么是抽象思维？首先，大家需要知道什么是场景、什么是情境、什么是现实情境、什么是虚拟情境，然后大家才会真正明白什么是抽象思维。

仔细观察就会发现，**现实情境是最为表层的信息，即一些实物情境、现实的生活场景。**场景通常是物理性质的，比如舞台布置的场景。**情境则超出了场景的范畴，**情境包括看到的场景，以及可识别和可感知的一些典型状态、肢体语言、场面、氛围、气息等，比如友好的气氛、敌对的气氛、冷淡、冷战等。

一家人围坐在一起读书的场景是比较简单的，情境则比较丰富，包括人物、人物的关系、肢体语言、物品摆放透露出的氛围、人物的心理状态等。

比如，父母与孩子三人坐在地毯上，地毯旁开着一盏落地的阅读灯，父亲坐在中间拿着书与孩子交谈，母亲在一旁微笑凝视。当看到这些描述时，大家的头脑中会立刻出现一个想象的、虚拟的情境，人物的眼神、肢体语言、氛围体现着几个人之间的关系，这些都超越了实际的场景。

情境中有着很多的感受因素而非实物因素，人和人之间的关系、人和物之间的关系、氛围等都不是直接的实物信息，而是一些感受信息，感受信息的特点就是不能够直接获得。情境很复杂，有很多组成部分，其中含有相当多的想象、感受、心理活动的因素，因此情境很少有静态的。

虚拟的意思是某个物体并没有实实在在地放在我们眼前，但是我们就按照其实实在在放在我们面前的方式去将其动态地呈现出来，这个本事使孩子得以从现实生活中迈出第一步，进入非直接的世界中。

大家经常说要锻炼孩子的抽象思维、逻辑思维、发散思维，但是这些思维的形成都需要虚拟能力这个底子。就像我们做推理时，如果有纸则可以做很多的推理，可以用掉几十页纸，基本上没人能够脱离纸张、笔记去做几十页的推理或者研究，因为里面有结构、有逻辑，不记下来就会遗忘。

抽象思维的第一步是要能够虚拟地呈现情境，有很多种方式，比如复述电影片段。虚拟情境类似于回忆，但是回忆很直接，也比较短，是比较原貌地呈现，人一旦开始长时间地回忆就不再是原貌地呈现了，思考中会有大量的自由组合，比如用当时的主题、关键情境因素组合起来放在最关键的主题词下来呈现，这些都是虚拟呈现情境的方式。

抽象思维最重要的支撑点是形象化，头脑中想极限、导数、数学空间的时候要有很多画面才能滔滔不绝地说很多，这就是虚拟呈现情境的能力，也可以模拟氛围，模拟很多人一起开会的情境、争论的情境、沙盘推演的情境，并且可以同时叠加多个情境。

抽象思维其实是抽象情境思维的简称，是不面对实物的，内心可以有很多参照物和可参考的情境，这些可参考的情境一部分是人按照各种概念、问题、推理所建立起的临时的虚拟情境，另一部分是情境之上的一些概念和问题。

比如，提到泛函空间，我们头脑中会出现的虚拟情境是一张有着很多纹路和点的褶皱的纸，但是抽象思维除了有内心具体的可参照的情境之外，还有着大量的概念和问题，我们是带着大量的概念和问题在虚拟情境中进行推演的。再比如，提到部门开会，我们头脑中会出现在一起开会的人、会议室的虚拟情境，但更多的是会上所讲的大量的概念、问题、推理、反问，还有时间安排、进程等信息，这就是抽象情境思维了。

抽象思维需要虚拟情境的支撑，否则内心就没有可参照的情境作为思考的支点。虚拟情境是走入间接世界的第一步，也就是当人的思维走出现实世界时还会装着能够多次叠加和呈现的现实世界的一些关键因素和要素，包括直接因素和非直接的感受因素。

人在进行抽象思维的时候，其实内心已经做过很多版本的虚拟呈现情境了，是边想边修改虚拟情境，虚拟情境就像为抽象思维提供的一张大纸，是支撑抽象思维的参照系。如果内心没有虚拟情境作为支撑，那么抽象思维的效率就会极低，思维能够向前生长的距离就会很短。

什么是思维的生长？就是概念加入内容后变为新概念的过程。

孩子的有效抽象思维能力是能够在内心真正虚拟地呈现思考对象的很多元素并灵活使用，能够再造一个与这些元素有关的情境，新情境的含义与思考的事情比较贴切，如此才是有效的抽象思维能力。

比如，孩子能够长时间地与父母谈论人际关系问题，孩子会兴奋地指点、比画，语言激烈时会用手势比画出心中的场景，这是孩子在虚拟地呈现情境，这种虚拟情境的支撑能够帮助孩子进行长时间的有效抽象思维。

父母带孩子深度阅读时多次采用的细致丰富的词汇，会使孩子的深度阅读成为一种习惯。孩子抽象情境的再现就会有结构的变换，能够多次叠加，能够多方位地去理解人、背景和事物。

另外，评书为什么会通过使用丰富的词汇把人物的心理活动讲解得那么清楚、分析得那么细致呢？这是典型的出声思维在描写一个人的心理状况。这些词汇可以建立身临其境般的抽象情境，使人产生深层次的心灵对比和模拟。

父母一旦开始像语文老师那样深度地讲解，像讲评书那样进行大量细致、多层次词汇描述的时候，孩子的心灵空间就会发生变化，这是我一直在思考和研究的。

深度阅读及其衍生出的深度讲解和细致分析，就是在用词汇和思维的张力去填补故事梗概中的空白，父母要有意识地培养孩子的这种有效的抽象思维能力，使孩子的抽象思维能力得到快速的发展和提高。

只有父母将深度讲解变成习惯，孩子用词汇和思维的张力去填补空白成为习惯，孩子的深度抽象思维才会形成习惯，孩子不再满足于一个简单的故事梗概了，不满足于父母简单地讲故事了。

孩子会问很多为什么，这是因为孩子已经意识到了简单故事梗概中的那些空白，孩子要开始自我填充了，因为父母之前的讲解过于简单了。

因此，当孩子问问题的时候，我们应该非常清晰地意识到这是孩子在要求我们去补充那些故事梗概中的空白和缺失的抽象情境，孩子是在提醒父母缺课了。

父母可以根据孩子的接受能力和概念形成水平适当地把情节讲述得复杂一些，这样可以促进孩子与父母的讨论和交流，比如像讲评书那样讲三国，孩子会更愿意和父母讨论，这是父母在带动孩子进行抽象情境的思维，孩子会身临其境地在这个立体的抽象情境中开始像故事人物一样进行现场参与。孩子会思考如果自己在这个情境中该如何做，会试图探索更多的空白，掌握更多的信息，会有更多的好奇心去探索另一个类比的抽象情境的再现。

这个时候孩子的心灵活动就已经跨出了自己的心灵空间，走进了故事人物的心灵空间，这里有两个心灵空间，孩子开始比较、模拟自己和另一个心灵空间的不同之处，开始产生很多关于对错的判断。

判断是什么？就是拿着自己和别人比较，这是孩子走入两个甚至多个心灵空间的重要迹象。孩子甚至会想象着拿自己替换别人，这都是一些高级的想象力和抽象能力的再现。

在成长的过程中，大多数人的思想和心灵都是从具体的生活世界中迁移到相对间接的、有人和物、物和物的相对关系的世界中。

人对于世界的感受的抽象化程度比较高，文学上称之为精神世界，心理学称之为心理世界，经济学称之为看不见的手等，在数学、经济学、政治学等学术层面则有着更加高级的抽象感受和规律。

孩子在漫长的成长道路中迈上的第一块踏脚石极为关键，只有拥有较强的虚拟情境的再现、呈现能力以及较高的再现、再造、创造、叠加创造程度，孩子有效的抽象思维能力才能深远，未来才能担负得起复杂任务。

我小时候觉得大人们能坐在一个空桌子前聊那么久很奇怪，因为我看到的只是一个单调的现实世界的场景，但是大人谈话时参考的根本不是我看到的那些实物。

一些层次较高的人在物质上几乎没有什么追求，但是他们的精神世界极为丰富，能够构造多重、多因素互相叠加的虚拟情境进行抽象思维，能够解决复杂的问题。

孩子的抽象思维不是靠猜，也不是胡说，而是在内心拆解世界、叠加世界，在内心多重叠加、再次呈现、创造性呈现情境，需要父母进行长时间的引导和训练。

孩子的与众不同就在于细微的差别

深度阅读是父母作为主讲人，带着孩子读书或者读绘本的过程。一些家庭或者社会组织中也有读书会，读书时会有领读人，这位领读人非常重要，领读人对书的思考要比听者多很多，身上的品质会超越书中的内容散发出来。

如果领读人的品质是开放的，就会允许孩子或者组内成员问任何问题；如果领读人非常自律，就不会轻易开口批评孩子或组内成员；如果领读人处世简单，就不会引导孩子或组内成员朝着违背其处世原则的方向发展；领读人的随和能够促进孩子或组内成员思想顺其自然地发展，使所有人都感到自己是重要的，因而会主动地思考和探索。高阶领读者的品质就像高山上流下的泉水能够灌溉孩子的心灵。

细致的阅读不是每个字都读，逐字逐句地读，而是领读人能够完整地寻找、判断出书里重要的线索、概念、元素，通过自身的理解、讲解、展示出超越读本内容的作品。

细致的阅读超越了原有的概念、情节、结构、价值观，用到了原作品中没有出现的词汇或句式，尤其是比较抽象的修饰动词的状语从句。

父母的学识、视野、表达能力、肢体语言、面部表情会营造出一种氛围，持续地影响着孩子。因此，父母的不足要通过自身的努力学习赶上，补自己的短板，同时也要非常自律，防止在家庭中滥用父母的权力。

父母要引导孩子学习自身的高阶品质，让孩子感受自身的学问、气度，体会细节的快乐等，这种隐形的学习超越了一般的读书只读表面文字的学习。因此，父母需要持续地自我提升，与孩子一起成长。

其实孩子在出现需要填补故事梗概空白的同时，他的潜意识就已经展示出来了，孩子的心灵在成长，好奇心驱动心灵张力去填补空白的要求已经形成了。

我在《原来数学可以这样学》中讲过，如果孩子没有很好的创造虚拟情境的能力，其抽象能力就会大打折扣，如果孩子不具备多次创造虚拟情境的抽象能力，那么孩子迭代的数学抽象能力几乎无法建立，因为没有第一层抽象情境的建立就无法架设第二层抽象情境。

孩子有时候会说，“爸爸你再给我讲一遍那个故事”。为什么？两个原因，一是孩子要再熟悉一遍讲故事的过程带来的快乐，再就是孩子隐隐约约地在潜意识中知道父母给他讲的这个故事不完整，希望父母这次讲得更加丰富、出彩、出奇一些，把那些小孩子能听出来但是说不出来的中间细节讲出来，而且孩子会记住父母讲过的细节，父母讲错了都不行。

孩子通过这种学习方式能够发现更多线索，发现那些空白的线索、词汇、背景、心理特质、关键特征等，以便做进一步的比较、类比和模拟。

阅读除了能使孩子释放心灵的快乐之外，更重要的是能使孩子产生对于新故事的细致和完整的要求，父母把故事讲得越细致和完整，孩子越能身临其境地学习。

父母深度陪伴、解读、分析，用大量细致的词汇引导孩子解读场景，使孩子身临其境，牵动孩子在心灵空间里进行抽象情境的再现以及实现抽象情境线索的发展和演变，在这之后孩子就能理解得越来越多了，这些模拟、推演、类比故事情境的感受就能在孩子的内心产生强大的附着感，使孩子产生真正的心灵变化，类似发生了化学反应。

同样是父母讲故事，为什么有些孩子长大以后和别人不一样呢？父母都讲了同样的故事，但不是每位父母都能为孩子做深度的讲解，也许那些深度讲解花费的时间只比普通讲故事时间多一点儿，但是在未来，孩子之间的差别就在于父母这细微的精读所引发的后续一连串的心灵化学反应，因此对这个差别的研究非常重要。

当我们发现一个孩子很特殊时，可以对三个方面进行研究，即这个孩子的原生家庭、学校和其所处的社会。这三个地方一定有一个拥有深度的解读、伴读、讲解，有大量细致的词汇使孩子在心灵上发生了深度的变化，使孩子的抽象思维能力、认识能力产生了巨大变化，从而与众不同。

成功者与别人最大的不一样是与众不同，这个与众不同是哪里与众不同呢？是外表吗？不是，是心灵上不一样，是一个人将自己的心灵塑造得不一样了。

成功绝非是简单地释放自己心灵的快乐，因为任何人都能释放心灵的快乐，孩子的特点就是想随时释放心灵的快乐，然而简单的释放快乐并不能带来孩子心灵的实质性变化。

在人生的转折期，为什么很多人读历史人物传记？就是用来塑造自己心灵的，看那些大师在转折期是怎么想、怎么做的，在心灵中和大师交谈，去模拟、类比自己的情境。

孩子的心灵不蜕变，未来就走不远。

我们经常说，人的动力来源于想成为一个希望成为的人，如果我们还是以过去的标准思考未来，那么我们还是原来的自己，蜕变还不完整，心灵的力量还很有限。

父母为孩子做深度阅读，能够为孩子带去心灵深层次的引导，帮助孩子实现心灵的蜕变。

人生其实就是一次次的心灵实质性变化。

大家想一想现在的自己和儿时一样吗？肯定不同了。我们每个人的心灵都发生过至少几次蜕变，每一次蜕变都是一次心灵深层次的重组，生成新的心灵空间，个人的行为、价值观、思想和原来相比都发生了变化，这样才算是一个人基本上完成了心灵空间的蜕变和再生，才能获得更为持久的支撑未来的心灵力量。

原生家庭的阅读不是一种简单的语言训练，而是一种情境再现的过程，是一种抽象的词汇模拟情境的训练，要用出声思维的交流，要用深度伴读的方法使孩子深层次地解读世界、人生和事物，暗示孩子随着自我的学习，未来的自己和今天的自己相比将会发生天翻地覆的变化。

心灵的底气——熟悉不畏惧

很多人的一生都蜕变不了几次，但是有一些人一生都在不断地学习和蜕变。

很多名人都说过自己不在意那些学习成绩非常好的尖子生，但是非常在乎那些终身学习的人，的确如此，我见过的很多尖子生后来都变得碌碌无为，一张口就是当年的高考成绩，人生的高度就停留在了那里。他们的心灵空间很狭窄，没怎么扩张过。

这些人心灵蜕变的路之窄、速度之慢使他们感到极度不安和焦虑，他们在潜意识中知道社会在变化、人生在变化，可是他们自己却无法变化以应对未来社会的发展，因为他们在心灵上不能再蜕变了。

深度阅读能够使人重塑自己，那些不断否定、超越、重塑自己的人就是终身学习之人，心灵拥有不断蜕变的能力，这类人会不断地发现更好的自己，心灵空间会更加广阔和强大。

这种蜕变有没有尽头？没有尽头。

首先，从专业知识上看就需要我们不断地跨界，因为很多学科都非常综合，不是单独学会某一门学科的知识就可以的，比如全息学就需要综合数学、物理、生物等多门学科的知识。

如果你的心灵不能跨界，那么你的知识又如何跨界呢？

现代经济和商业主要是在弥补主架构之间的空白，如果一个人没有心灵的跨界能力，没有能力武装和突破自己的话，是无法去弥补那些空白的。

很多人缺乏勇气的原因是原生家庭中缺乏这样的心灵原生质，学习再好，却没有勇气，没有底气，因为小时候就没有一步步突破自己、发现新的自己的习惯。

有些人一直都是“好孩子”，听话、按部就班，但是当他们有一天真正开始独立、尝试自我突破或者是被迫需要突破自我的时候就会发现，自己的心灵还是原来上学时的样子。

有些人问，日本人从小也很听话，为什么他们的创造能力却很强？的确，日本人的学习有很多循规蹈矩的成分，但是日本人的学习是要自己动手的，通过自己动手发现深层次的自己，发现自己的特征以及与别人的不同，比较自己与他人心灵的不同和缺失，不断地改进自己，所以日本孩子的这种创造基因从小就被严肃地培养和训练着。

所谓的精益求精，就是要不断地越做越好。因此，日本人的科研能力和研究的精细程度都很高。

日本人在教育孩子时会鼓励孩子身临其境地不断突破自己，其实不是做了很多严格的限制，而是做了很多严格的深层次的陪读、讲解和鼓励。

好大学为什么讲究原创？就是学校不满足于你读了这些已知的书籍文献，不满足于你对于这些已知知识和观点的完整背诵，他们在乎的是你的观点是什么。

一个人如果没有自己的观点、不能形成新的自我的话，这个人只是一个非常好的“机器人”，最终将会被社会淘汰。

父母要用丰富的词汇、语句为孩子进行详尽的多维度解析，培养孩子心灵蜕变的习惯，给孩子实现心灵蜕变的底气，让孩子明白这个世界上不仅仅有那些大家都知道的架构。

什么是底气？就是在以前做事过程中所形成的勇于尝试与突破自我的气度。

父母提供的深层次线索学习在孩子身上会发生日积月累的化学变化，让孩子产生最原始的心灵原生质和心灵基因，这就是底气，有了底气，孩子以后会不畏惧变化。

人的心灵成长一段时间后会容易产生硬的外壳，一些八九十岁的院士还在拼命学习和主持工作，而一些四五十岁的人却面临着被解聘的情况，为什么？因为那些院士从小被输入的心灵原生质和心灵基因是以发现新事物为主旨的，他们从来不看重现在已经有了什么成绩。

因此，自我不断蜕变的心灵原生质和心灵基因，父母越早输入给孩子越好，而不是等孩子大了以后去大学里刷一层心灵外壳的油漆。心灵不能发生本质的蜕变，刷什么油漆都是没用的，改变不了底色。

父母如果不能让孩子的心灵发生实质性变化，那么父母只是把孩子当成了存储知识的数据库，而不是智能的、自我发展的高级心灵，就无法看到孩子不同于昨天的自我发展。当孩子未来遇到变化的冲突时，心灵空间的脆弱必将碰到现实发展的硬壳，产生心灵所不能承受的焦虑。

要想使心灵发生蜕变，就要通过深度学习来实现，不断地扩展自己的认知范围、增加内心的体验、积累下无穷尽的思考。

囫囵吞枣式的阅读只能形成孩子模糊的心灵情境，而无法形成真正牵动孩子心灵蜕变的力量，培养不出孩子很好的、细致分化的、深层次叠加的抽象思维能力，孩子心灵的实质没有发生变化，**不会一步步突破自我变成另外一个人，无法让简单的心灵成长为高级复杂的心灵。**

深层次阅读的力量是巨大的，也非常讲究两个字——细致，是要细和慢，不能着急，父母要用慢火的工夫、细慢的心思才能炖煨出大品、大才，父母要细致地教、慢慢地引。

因此，仅仅阅读就够了吗？仅仅阅读就能产生神奇的力量吗？看了上面的讲解，大家就会明白肯定不够，如果父母做得不足、不细致，就不能有效地牵动孩子抽象心灵情境的形成，也不能真正有效地牵动孩子抽象思维的积聚，这就是普通家庭阅读低效的原因。

父母再造孩子的心灵工程是一个非常细致的工作，目的是要让孩子在未来产生自我蜕变、自我发展、不断踏着原有的自我向前走的心理素质，孩子才会拥有强大的心理能力。

父母只有不满足于故事梗概、人物等粗线条、框架性的简单故事讲述和阅读，才能细致地培养出孩子的自我发展能力。

父母坚持深度阅读，才能有效培养孩子的抽象思维并使其向深层次的方向发展。这样一段时间后，父母就很难回答孩子的问题了，请父母不要不耐烦。父母和孩子的智慧水平差别并不是太大，只是父母的语言能力比较强，我们要趁早帮助孩子提高语言能力，去观察孩子壮阔的智慧能力，去认真聆听孩子的心声。

孩子在内心有很多意图、计谋和智慧，但是孩子不一定会说出来。孩子的意图通常比较清晰，为了实现意图的路径也很清晰。

父母有时不是特别注意孩子行为背后的动机或意图，孩子的心声与成人打造的生活有时并不相容，会出现冲突，显性的冲突表现为父母不买玩具孩子就大哭大叫等，隐性的冲突则表现为孩子会察言观色、绕开正面冲突、找不同的家庭成员来帮助其达到目的。

在孩子的心声中，父母要关注孩子的智慧。有很多父母随意批评和否定孩子，伤到了孩子的智慧和心灵健康，使孩子对父母产生误解，也会减弱甚至丧失保护自己心灵健康的意识。相反，如果父母能够在生活中恰当地保护孩子的动机和智慧，有意识地认可孩子、尊重孩子，就能呵护孩子心灵的权力和自尊，使孩子感到自己很幸福，对于自己的原生家庭更有归属感。

这是真正地爱孩子、尊重孩子，把孩子当作大人一样平等对待。这样的父母会教孩子如何看问题、讲故事，会无数遍地问孩子内心怎么想，会保护孩子的动机和智慧，使孩子觉得自己的父母是最好的父母，即使成年以后也会经常和父母交流。**这样的父母会一直在心灵上陪伴着孩子，互相倾听对方的心声，这样的陪伴超越了亲子关系，带给孩子巨大的心灵能量。**

很多国内外的大师用深度讲解的方法激发孩子，培养孩子早期的学科兴趣，有些人在数学上多讲一些，有些人在政治上多讲一些，有些人在自然科学上多讲一些，以产生孩子最早的科学体系。如果孩子没有直观的心灵对应情境，又哪里来的抽象思维去延伸呢？

父母要在原生家庭中为孩子进行深度的阅读和解读，在阅读中帮助孩子读书、读事、读人、读世间事物的规则，让孩子产生心灵模仿的亲历感，让孩子成为能够适应未来社会变化的人，让原生家庭成为孩子的心灵学习圣地。

深度的讲解不是硬邦邦的解读，父母要扮演高情商的爱的解读者，才能成为孩子真正喜欢的老师。

一些孩子形成人格障碍是因为没有在原生家庭中得到深度的解读和讲解，没有发现世界上其他人的心灵的关键特征和因素，不能自我对比和模拟，不能对他人的心灵空间做深层次的心灵解读。

当一个人不能走入自己和他人心灵深处的时候，就不会理解自己和他人心灵深处的思维及牵动的情境，很难理解自己和他人的不同及冲突，在遇到不同于自己的其他人时就容易产生心灵的硬壳，产生人际间心灵的隔阂与不理解。比如，很多孩子会产生厌学的心理，其实是因为没能理解学校、理解老师，学校和老师的职责、担心、害怕、愿望、初衷等重要的解读需要父母来为孩子做深度的讲解，孩子才不容易产生心灵的隔阂，才会明白遵守纪律、规则是必要的事情。

当一个人理解他人的心灵程度比较高的时候，这个人的心灵空间里就不会只有自己，而是能够装下他能理解的所有人的心灵空间。因此，在孩子小的时候，父母要告诉孩子人和人的心灵是能够相通的，让孩子尽量多去理解别人的心境。就像窗外的风景有春夏秋冬一样，人的心理风景和气候也是多样的，其实别人并没有真正损害你，除非你非要不打伞就跑到瓢泼大雨中，这是你自己心灵空间的制约，造成你不能走入别人的心灵空间，而非要把全天下的心灵空间都看成你一个人的心灵空间，缺乏对自己和他人心灵空间真正深度的解读。

当孩子明白自己与他人的心灵空间不同时，孩子就会看到别人的心灵空间对自己而言是空白，而填补空白最根本的行动不是抵制或强求别人与自己一样，而是研究、思考、探究、对待和填充。孩子会认识到这种非对称性，知道这是和自己的心灵不一样的地方。

心灵深层次的阅读，读人、读事、读自己的心灵、读别人的心灵，塑造孩子深层次心灵持续蜕变的能力，是父母深度陪伴孩子的一项重要任务。

第6章

父母的心灵升级之旅

孩子的到来给父母的生活带来了巨大的变化，与之伴随的是父母心灵的变化，在此过程中，父母要经历三次心灵升级，也会担任起不同的角色，下面我就来为大家一一呈现。

心灵“班主任”

父母要在原生家庭中做好主导和促进孩子发展的工作，否则就会形成寄宿制的原生家庭，孩子在心灵上会把原生家庭当作影子，在自我发展时更多地参考社会信息，尤其是当孩子迈入第四空间后会产生很多父母不可控的因素。

我在这里引入第四空间的概念。第四空间就是与学校的学习、活动相关的事件构成的空间，随着孩子对校园生活的逐渐适应，这个空间会越来越大。

孩子有天赋不一定会成才，因为社会信息是无差别投放的，孩子学坏就是孩子在没有判断力的情况下社会化失当、沾染了很多坏习气造成的。在原生家庭没有防范的情况下任由社会信息穿透家庭会造成很多失控现象。

如何看待感情？如何看待婚姻？如何看待人生的挫折？如何对

待幸福？如何对待不幸？……这些问题都不是能够依靠社会信息就能得到答案的，父母是孩子不可替代的天然心灵导师。

为什么在注重原生家庭教育的家庭中的孩子往往比较优秀呢？因为他们的父母特别懂得教育时光的意义，教育时光就是原生家庭一定要给予孩子教育的成长关键期。

我们都知道教育是分时段的，有小学、中学、大学，孩子错过了相应时段，教育就会出现缺失，一旦错过就会造成孩子的心灵缺课。我们都知道班主任的重要作用，班主任除了抓好成绩之外更重要的作用是要抓好孩子的心灵教育。

父母不仅要做好父母，更要担起原生家庭“班主任”的责任，要把一生的所学和见识带给孩子，也要像班主任管孩子心灵一样进行督促。

孩子对于老师的角色一般都会比较认可，因为老师对自己的要求比较高，能够以身作则。如果父母在心灵教育的层面能够担任起原生家庭“班主任”的角色，那么孩子会大大地参考和认可原生家庭的心灵教育内容。

父母要抓紧孩子的几个关键心灵成长窗口期，以身作则，成为孩子的心灵导师，成为孩子的心灵“班主任”。

为什么要建班主任制？因为孩子的心灵要有人管。班主任是孩子上学时最费心的老师，开家长会通常也是班主任来主持。班主任在家长会上讲的是什么？讲的是孩子的心灵特点，是孩子的心理发展状况，比如孩子对什么感兴趣，活动情况如何等。

小学班主任往往是由数学或语文老师担任，这就是教育上很重要的安排，是有着重要的教育意义的，就是要在教育的过程中让孩子重视这些基础性课程，让孩子在心灵上偏向于这门课的学习。

在我们的一生中，有哪些人对我们的影响比较大呢？当我们回过头来看的时候，会发现没几个人真正长远地影响了自己。很多孩子一上学就只听老师的话、不听父母的话了，说明影响孩子心灵的主要事件发生了变化。

父母与孩子的感受顺序是相同的，但是接受顺序并不一样。什么是感受顺序？比如每天早上起床、洗漱、吃饭、上学，父母与孩子所感受到的顺序是一样的。然而，第四空间中出现了大量的孩子的同龄人，对于同龄人的社会规则，父母虽然有所了解，但是绝对没有孩子感受得深入。父母与孩子虽然同时感受到了第四空间中发生的事情，但是孩子接受事情的规则与父母不同，也就是孩子对于事情重要性的排序与父母不同，双方对于事情判断的差异越来越大，交流的障碍也越来越多。孩子会受到第四空间中很多看不到的、与原生家庭不同的规则力量的影响，在出现竞争时，孩子会把原生家庭的判断规则后置，会受到这些力量深层次的影响，这种影响绝非仅限于价值观。

小学、初中、高中、大学中的人都会影响孩子，这些半社会化的群体组织也一直在与原生家庭争夺着孩子的心灵。**当孩子的心灵暴露在社会中时，原生家庭的父母能否成为主抓手？**

一个家庭的好坏和一个学校的好坏非常像，学校的好坏是看有没有好的班主任、有没有好的授课老师，原生家庭的好坏是看有没有负责孩子心灵成长的父母。

现在很多原生家庭的"班主任"都是母亲，父亲最多就是个"学科老师"。寄宿式的原生家庭就像是孩子在学校里没人管，孩子虽然去学校里上学，但是没有班主任管着。原生家庭的"班主任"不管，"学科老师"天天在外面忙，只知道每个月给家里交钱，带孩子出去吃饭、玩，这种简单寄宿式的原生家庭在培养孩子方面是有着严重缺失的。

作为父母，你愿意你的孩子去一个没有班主任的学校吗？

班主任除了对班里每个孩子都要了解，抓好他们的学习之外，更重要的是要促进孩子远大志向的形成，建立孩子勤奋等诸多的心理品质和能量，这与对原生家庭父母的要求非常相似。

父母如果做得好，就会出现一个很好的原生家庭"班主任"，这也是为什么很多老师的孩子很优秀的原因。是那些老师的孩子更聪明吗？不是，是因为他们的孩子有心灵的“班主任”。

父母要抛弃那些苍白的话语，想一想自己作为孩子心灵“班主任”的角色有没有缺席，孩子的心灵有没有人管。

父母是不是做到了不间断地深度陪伴，为孩子甄选阅读参考书、课外书，还是让孩子去路边小摊上随便买书，无目的地接收社会信息的影响和辐射？

社会信息有好有坏，原生家庭“班主任”需要有序、勤奋、专业、尽责地管理孩子的心灵空间，介绍不同的社会参考书到孩子的心灵，因为容易使孩子分神的事物很多。

原生家庭的空间和孩子的心灵空间是两个空间，学校的空间和孩子的心灵空间也是两个空间，学校空间的良好校风是班主任通过对孩子心灵进行认真的安排、有序地介绍世界而形成的。

大家都知道不同学校校风差别很大，很多父母误认为原生家庭做不到的地方学校能够做到，认为孩子的心灵空间有学校托着，但其实只有学校教育是不够的，请看看那些老师在家庭中教育自己孩子时是如何起到另外一个心灵“班主任”的作用的。

比如，父母都知道孩子不是什么书都可以读的，但是父母该给孩子介绍哪些课外读物？课外读物是让孩子了解世界和社会的重要途径，因此父母介绍的读物要让孩子了解别人的心灵空间、社会文化、人际关系等最高层的那些内容。

孩子小的时候很难有较高的判断力，一定是需要父母的把持的，父母做好孩子心灵“班主任”是一个重要的教育技术，父母要明白自己在原生家庭中的作用、功能和角色。

我们看到一些高学历的父母为了孩子辞职在家，专心地教育孩子，为什么？这些父母对于孩子不同时间段的心灵窗口期有着非常清晰的把握和界定，深谙各阶段孩子心灵工作的重点，深谙各阶段培养孩子心灵品质的内容，并且深谙改正错误和引导孩子正确成长的重要性。这些父母非常清晰地知道孩子的心灵管理者不能缺席，孩子的心灵也要有“班主任”。

请各位父母想想自己的“班主任”工作有没有做足，拿出了多少时间，做了多少工作，有没有更加尽责。

父母如果对于孩子的心灵状况、品质、内容、成长的动因、扩充的速度和方向的了解程度还不如孩子学校班主任的话，那么很明显是父母做得不足，因为学校的班主任要带几十个学生，而当今大部分父母最多也就有三个孩子，很多家庭就只有一个孩子。

我原来有位同事，他太太是律师，双方平时都很忙碌。有一次我晚上十点多给他打电话，他说现在不行，他正在辅导孩子学习。虽然他们夫妇都很忙，但是两个人一起轮流当孩子的心灵“班主任”，谁也没落下这个重要的功课，做得非常认真，在有限的时间、资源、精力内把孩子引上充满心灵能量的快车道。

让孩子进入心灵的快车道

我从来不否认孩子可以自我成长，但是，自我成长的孩子是不是能够进入心灵成长的快车道？不一定。

孩子大了以后可能不会受制于某些知识的欠缺，但是要学得快才能有效地参与社会竞争。

原生家庭“班主任”的学历有高有低，但是学历高的父母不一定能当好孩子的心灵“班主任”，甚至不一定知道孩子的原生家庭需要“班主任”，对于自己工作的边界、深度、要求没有清晰的认识，只是把自己简单地当作了父母，而父母真正应该成为的是孩子的心灵“班主任”，这个角色超越父母太多了。

天下的父母很多，但是能够成为孩子的心灵导师、伴侣、管理者和引导者的心灵“班主任”却少之又少。用“班主任”这个词是为了让大家可以快速地明白父母工作的边界。

如果父母起到了“班主任”的作用，就会衍生出类似于安排课程的“教导主任”的角色，而不是在没有做好“班主任”角色的时候就硬要去当“教导主任”，在不了解孩子的情况下安排各种课程，更有甚者连“班主任”都没当就在家里当起了“校长”。

很多父母把家里当成了学校，把自己的工作重点放在了监督孩子学习、完成作业上，但是父母最需要做的是孩子的启蒙和心灵引导工作，父母工作内容的核心是要做非常尽责的“班主任”。

父母关注的重点是孩子的生活，**班主任是要帮助孩子回顾一下今天的所学，要定期检查和复习，要了解孩子的心理状态。**比如，学习上有没有什么困难？制订的学习计划是不是适合？有没有什么心灵问题？有没有什么需要补充的地方？对学科的兴趣大不大？授课老师好不好？

开家长会的时候，应该是两个班主任在讨论孩子的心灵状况，父母要明白自己的角色，找到和孩子谈话的最佳方式，既有权威性又有专业性，而且还要有关爱性。

大家回忆一下自己的成长经历，我们大部分人都至少遇到过一位好班主任，那些使你从内心非常敬仰的班主任，他们的品质和方法是什么样的？

父母应该借鉴孩子班主任的工作方式，做好原生家庭中孩子心灵的“班主任”。如果原生家庭的生活环境和学校的生活环境不能够相连、延续和嫁接的话，那么“班主任”是有重大失职的。比如，没有学习氛围，无法令孩子静心学习，就是父母没有尽到“班主任”的责任。

父母应该考虑有没有为孩子创造家庭学习的环境？孩子的学习效率高不高？孩子在原生家庭中心灵的学习和成长环境是优于学校，还是低了很多？……

父母要超越生养的要求到达更高的教育境界，不要漏掉启蒙孩子成长的教育职责，孩子的学习不只是学校老师的事情。

如果学校和原生家庭之间衔接得不好的话，孩子很难成长得好。这也是父母本身从事教师职业有优势的地方，因为这样可以将孩子的学校空间和原生家庭空间自然地衔接起来。

学习是一生的事情，我们要培养的是孩子一生的学习观。

很多孩子上完大学以后就什么书都不读了，就是因为学校和原生家庭空间没有衔接好，没有让他们形成一生学习的价值观。我也看到很多人家里连一本书都没有，这种原生家庭对于孩子的生活安排和心理暗示都是极其糟糕的。

做好孩子的心灵“班主任”是不容易的。父母一定要做好孩子学习的参与者，因为心灵的成长是离不开学习的，但是孩子需要的学习不是单纯的专业学习，任何的专业学习都是与兴趣、志向、耐心、勇敢等心灵的力量和品质连在一起的。

孩子不是去学一门手艺的，即使学手艺的时候师傅也会讲述行业的祖师、历史、禁忌等相关的心灵品质。

请父母们认真地对比老师是如何在原生家庭中做好“班主任”角色的，看看自己缺失了多少工作，不要让孩子的心灵没人管，因为我们不仅仅是父母啊！

很多父母在孩子上幼儿园后都会经常问老师孩子在幼儿园怎么样，其实父母已经意识到了班主任对于孩子心灵成长的重要性，也意识到了孩子心灵迅速成长的阶段已经来到，但是忘了原生家庭中父母这个角色也要同步提升，要做孩子的心灵“班主任”。

班主任的角色不是让父母过于严苛地要求孩子，而是要做到在原生家庭中关注、引导和启蒙孩子的心灵空间，要与孩子学校的老师相互呼应和补充。父母应该是老师的延伸，这样才能使孩子比较顺利地衔接原生家庭空间和学校空间。

父母要做家庭空间和孩子心灵空间的深度看护者、陪伴者、参与者、引导者和解惑者，陪伴孩子一路前行，通过书籍将世界有序地介绍给孩子，不要任由社会信息穿透家庭、无目的地塑造孩子。

孩子一生能碰到几个好老师？最起码要碰到父母这个好老师！

原生家庭感情空间的升级

前面讲到了一些老师的孩子在学业方面要明显好于一般家庭，而且孩子的志向、心理品质也都比较好，孩子长大后进入社会工作时也会给人一种比较放心的感觉，这是由于这些老师在自己孩子的道德品行、心理素质等方面是没有放松督促的，将自己的职业延伸到了家庭中，上班和下班的界限并不是太大。

有些父母的职业也会直接延伸到家庭，比如一些科研工作者，他们在家里工作是比较容易得到理解和支持的。当然，也有人认为家庭是我们停靠的港湾，家庭要和工作分开，这也是可以理解的。

夫妻在婚后没有孩子的阶段，两个人营造得更多的是情感空间，虽然也有事业空间，但并不是所有人都会把事业充斥在家庭空间里。**有了孩子以后，父母就扛上了抚养和培养两项责任，培养责任就意味着家庭空间不再是单纯的情感空间了，而要有教育和启蒙的性质。**原生家庭是需要情感空间的，但是原生家庭对孩子的影响包括但不限于情感部分。

同时，原生家庭对于孩子的知识、价值观、心理素质的影响和培育使之嵌套了一个隐形的教育空间。即当原生家庭中含有足够多的教育内容、方法和角色时，就升级为一个教育空间。

很多父母都知道原生家庭对孩子是负有巨大教育责任的，只是由于父母本身角色的转换，学习知识的方式还不足以承担教育的责任，或是没有做好教育孩子的准备，于是就把家庭教育空间都转移到了外面，父母只做一些很简单的启蒙。当然，这其中也有很多家庭时间不足的原因，父母只能利用周末的时间陪伴和教育孩子。

然而，最关键的问题还是父母的教育角色不到位，没有像老师那样把空间、时间、角色三位一体迅速延伸到原生家庭中，使原生家庭空间凝结形成教育空间。

由于职业的原因，老师能够较早地将工作内容在家庭中自然延伸，建立的原生家庭教育和培养空间也要比一般家庭早些，教育意识也更为清晰，制定的教育目标和路径也很完整，完全是“班主任”型的父母，所以老师的孩子通常给人的感觉是上学早，其实是他们较早地就进入了原生家庭的教育空间。

有一些非教育工作者，比如科技工作者，这类父母做的更多的是让孩子先认识一个科学领域，比如数学、物理等，然后再开始为孩子启蒙。

无论这些父母用了什么样的方法来启蒙孩子，他们都做了一件共同的事情，就是**在原生家庭中有意识、有序地将原生家庭空间向教育和培养空间进行延伸。**

但是，为什么很多家庭做不到呢？第一，父母对原生家庭空间的认识比较晚。第二，父母在把原生家庭空间作为教育、培养、启蒙的空间时还处于摸索阶段，是在边学边做。第三，这些父母本身的角色转换遇到了障碍，而这个障碍来源于父母自身。

父母的角色转换障碍

有一个很重要的现象，父母总是在内心深处反复无意识地提醒自己当好原始角色——父母，不断地提示着自己要照顾好孩子的日常生活，这个过程有时候会造成父母在原生家庭内向其他角色延伸的潜意识阻力，表现为当父母延伸出教育、启蒙者角色的时候，父母难以长时间专注于新角色，总是被原始角色打断，从而退回到父母天赋的角色中。

当父母开始扮演教育启蒙者角色的时候，往往不能像老师类父母那样持久、有计划，不能为孩子制订完整的启蒙教育计划并严格执行，**通常是演着演着就又回到了原始父母的角色中。**

这种原生家庭父母角色竞争的心理现象就像一些意志不坚定的人看书，每次都从第一页开始看一样，看书只能坚持前半部分，后半部分则很难执行下去。

当这类父母不断地尝试各种启蒙角色时，内心其实还是最为关注孩子的生理成长，因为他们认为孩子的生理成长会对心理成长产生更为重要的作用，这种暗示会将父母的注意力和精力放在孩子的日常生活和身体健康上。当这类父母每次想尝试新角色时，就像每次看书都从第一页开始看一样，父母的时间、空间、精力又被原生家庭的原始角色抢走了。

有些父母选择参与而不是全职担任孩子的启蒙老师角色，因为这些父母知道如果自己又当父母又当启蒙老师的话，启蒙的严格性和完整性会被打断和打乱，而对待孩子的启蒙工作是需要非常认真和谨慎的。

因此，父母在原生家庭中为孩子启蒙时要让孩子知道这是一个非常认真和严肃的教育空间，而不是把原生家庭的抚养和教育空间杂糅在一起，让孩子难以分辨。

读书人家的孩子往往自带书卷气，是因为孩子从小就接受了这种启蒙对应的未来学习任务和心灵的开发。

启蒙时可以先以游戏的形式让孩子玩，但不是让孩子没有目的地野玩，因为单纯的玩耍并不能使孩子的气质发生实质性变化。启蒙的关键是让孩子的心灵认知世界，使其情感世界、价值观发生变化，与孩子的过去相比，这种变化是天翻地覆的、可以识别的实质性变化。

无论是中国过去的开馆办学，还是西方的游戏理论、启蒙理论、认知心理学理论、发展心理学理论，都是把启蒙、心灵开发和认知发展的所有教学内容融于游戏之中，在西方，这被称为有结构目的性的游戏、启蒙和教育。

原生家庭教育空间是否能够真正地浮现，取决于父母的角色是否能真正地克服掉原始的天赋角色，要能认真且有计划地向原生家庭教育、培养和启蒙空间里的“班主任”角色进行转换，否则就无法在原生家庭空间和教育空间中对孩子进行完整和有效的启蒙，使孩子的心灵空间发生实质性的积极变化。

当然，父母在学习新角色的时候必然会不熟悉，在启蒙的训练和实施过程中必然会有生涩感，生涩感就会使人产生挫败感，在与自己原始父母角色比较的时候就会觉得不那么得心应手，这个时候很多父母就退回原始父母的角色了，后天学习的技能没能战胜原始的自己。

只有当父母对于新角色的后天学习累积到一定程度之后，才能真正地胜任后天启蒙的角色，这也是父母在原生家庭中的成长过程。

伴随着孩子的到来和成长，原生家庭也在不断发生变化，因此父母的任务类型也要发生相应的变化。

在数学中，是用事件来定义空间的，当一类事情集中出现的时候，其所在空间的性质就被这些事件重新定义了。当生活的主要内容和空间性质发生变化以后，父母的角色就开始发生变化了，如果此时父母还按照原始的天赋角色去应对，就会产生巨大的焦虑感、挫败感以及生涩感，这种挫败和不胜任感会使父母产生非常大的、潜意识的空间不匹配感，父母就会把这个空间外包出去。

但是，父母是真的胜任不了新的角色吗？

那些教孩子画画、唱歌、算术、武术的老师，由于他们的角色很专一，所以可以非常专注、心很静地去执行启蒙角色的任务，而父母的心不静，总是用老角色套新角色，而且老角色总是战胜新角色，老角色每次都重新定义新角色。比如，父母本来是要教孩子数学启蒙的，但是教着教着关注点就变成喝水、吃饭了。

原生家庭空间发生了变化，父母的工作内容发生了变化，启蒙工作的性质也发生了变化，但是父母后天的学习还不足以胜任新的教育者和启蒙者的角色。这种不胜任不是能力的不胜任，而是心灵的不胜任，不胜任的根源在于父母对于角色的学习转化能力总是被原始的天赋角色打败。

很多父母没有意识到这个问题是因为原生家庭赋予父母的角色力量实在是太强大了，经常会歪曲“父母”这个词带给自己内心的定义，认为父母对孩子最核心的责任就是成长，而且经常会在潜意识中把成长变成狭义的身体成长。

当后天的角色学习积累不能达到一定质量的时候，内心新角色战胜天赋老角色的能力就有限，这也是父母经常觉得头绪比较多、心比较乱的原因。父母能够意识到孩子的心灵成长需要自己做很多的工作，但是感觉像一团乱麻不知从何下手，于是在潜意识中仅仅选择了天赋的角色并认真执行，而需要后天学习和认真执行的其他角色却没有跟上。父母的心灵没有随着原生家庭空间性质的延伸和任务的变化而升级。

那么，父母如何才能胜任新的教育者和启蒙者的角色呢？其实，启蒙孩子所需要的专业知识是很少的，最主要的盲点是父母对于自己新角色的认识。

伴随孩子的成长，我们要意识到三件事：

第一，原生家庭空间的主要任务发生了变化。任务的重心从照顾孩子的生活逐渐转移到培养孩子的心灵上。

第二，父母对于孩子心灵成长赋予的任务要与原有的抚养任务并驾齐驱。

原生家庭空间主要任务的变化需要空间性质的升级，即形成一个教育机构，如果没有形成原生家庭空间中的教育机构，或者形成的教育机构不足以和外面的教育机构进行嫁接的话，就会出现空间断崖的问题，孩子会觉得自己只是学了一些技能，而不是心灵全方位的提升和改变，孩子的心灵就不会发生真正的变化。

孩子发生心灵变化的最后一公里一定是在原生家庭之中。

比如，在以前，当孩子接受《三字经》的启蒙后，孩子会认为自己的心灵空间发生了变化，会觉得自己开始读书了，这种开始读书带来的心灵暗示不是简单地认了几个字，而是孩子觉得自己是读书人了，会开始按照读书人的品行、操守、价值观、世界观进入心灵全画面的成长轨迹，孩子此时心灵的自我意识和暗示，以及自我暗示产生的诸多要求和孩子以前没有接受启蒙时相比发生了极大的变化，这种实质性变化意味着启蒙真正达到了可识别的、标志性的进程的开始。

同时，父母的心灵也要发生实质性变化，对自我的要求才会真正超越原始的天赋角色，才能真正关注到孩子心灵层级的发展要求，才会关注到孩子启蒙的计划性、完整性和严肃性。

第三，启蒙的严肃性。

如果父母没有意识到孩子启蒙的严肃性，就会混淆孩子的启蒙游戏与没有目的的野玩，无法将两者区别开。

有些父母说让孩子玩好就行了，这句话就暴露了其家庭空间还是老空间，父母的角色还是原始父母的角色，没有变成有目的、有计划的新的启蒙者角色。

只有父母在新角色下，原生家庭在新的教育机构空间下才会产生新的概念，玩是有目的的玩，是融合了教育目的、方法、启蒙目标的玩。

比如，孩子和小朋友一起玩的时候，父母会引导孩子与小朋友分享玩具，这就是在开始提高孩子玩的内容含义了，开始渗透和融合了一些社会、道德规则了，是融入了社会道德规则的启蒙。

原生家庭父母有没有真正意识到上述三件事并采取有效行动，是判断原生家庭是不是开始真正有效启蒙的标准。

如果没有实现的话，原生家庭就还处于从抚养空间向培育和启蒙空间过渡的过程，还没有达到实质性变化，那么孩子就不会产生心灵层级的变化，不会产生像过去孩子进了私塾读书后觉得自己是个读书人的心灵蜕变。

当孩子发生心灵的蜕变后，孩子的说话方式，甚至走路姿势都会有所变化。

原生家庭空间改造和父母心灵的三次蜕变

西方和中国传统的启蒙教育都是相通的，都是在孩子重要的心灵启蒙窗口期，让孩子进入一个比较完整、有目的、有结构、有计划、有内容的认知和学习的启蒙空间。因此，父母首先需要对原生家庭空间进行升级改造，使之成为符合孩子心灵成长的教育空间。比如，有些父母会在家里贴上科学家的画报，用科学家的故事启蒙和激励孩子。

同时，**启蒙还需要所有家庭成员的共同心灵认可，**即家庭要进入一个新的阶段，一个要对孩子心灵、智慧进行启蒙培养的新阶段。此时，真正的启蒙才开始。

其次，父母自身的成长不只是由于孩子的到来而发生的身份的转变，当孩子成长到一定阶段后就会对父母产生新的、更高的心灵成长的需求，父母会发现自己心灵的第三次蜕变。

父母心灵的第一次蜕变是结婚，第二次蜕变是为人父母，第三次蜕变是当上孩子的心灵“班主任”、启蒙者、心灵导师。

父母是孩子一生心灵原生质的传递者，是孩子人生之路的开端，父母给孩子装备的心灵原生质、武装的思想是孩子人生马拉松的开始。

有的家庭是父母其中一方升级到更为关注孩子的心灵成长需求，另一方则维持在更为关注孩子的抚养需要，父母的这种自然选择是因为父母对于新角色的学习有生涩感和挫败感，所以往往会有一方退回到原始的天赋角色。

大家从这个现象中也能看出父母对于新角色的学习产生的生涩感和挫败感会与原始角色发生竞争，而且原始角色容易胜出，因此父母需要自我学习和克服的地方很多，否则父母的心灵就不会变化和成长，难以胜任孩子一生的心灵导师。

请带给孩子一趟愉快的人生旅程

有人问为什么看似简单的家庭实际上这么复杂。

首先，人生在套上了家庭关系的心灵契约之后，父母的三次心灵变化就是必然的，只是或早或晚、是否能够升级完整的问题。因此，父母对于自我心灵变化的早日认识有利于互相鼓励和帮助，尽快地使自己成为孩子启蒙的合格引导者，使孩子的启蒙过程有质量、有体系、比较完整，如此可以尽量减少父母在孩子每个心灵发展阶段的不必要的心灵耗费和争吵。

其次，原生家庭的空间和组织性质要发生变化，要带有教育空间和组织的性质。孩子能否生活在一个含有教育空间的原生家庭组织内，会使孩子有一个非常不一样的未来。

父母本身角色的成长和变化要战胜原始角色，才有可能在原生家庭含有教育性质的空间和组织中出现真正的管理者、执行者和参与者，才会有“班主任”。

父母做好了原生家庭空间的升级改造，完成了原始角色的转变才能托起孩子的心灵成长，如果其中有脱节的话，父母就会感觉无从下手，会把自己又逼回到原始的天赋角色，然后再用原始父母角色去定义其他角色。

父母的心灵角色在竞争，原生家庭的生活和教育空间也在竞争，因此原生家庭空间的升级改造绝对不是自然而然发生的。

有些人带给孩子的原生家庭空间从未升级过，自己的原始父母角色也没有升级过，这样的家庭也许看上去很温馨，但是却缺少对孩子心灵的启蒙，使孩子无法感受到父母外包的那些启蒙课所带来的优势和好处。

而如果原生家庭空间和外部教育空间之间没有断开，孩子的心灵空间就会被贯通，就会发生实质性的变化，孩子会觉得自己已经不再是小孩子了，会按照更高的标准来要求自己，知道自己已经进入一个更高层级的心灵空间了。

这一点大家在过去的启蒙教育中能够看得比较清晰，因为过去能够接受教育的人是很少的，进学堂、进私塾的小孩就会立刻显示出与众不同。

现代社会中孩子的客观教育条件差别比较小，但是在孩子心灵的暗示上必须首先要有孩子心灵法则的认可，**一旦孩子认可了心灵法则、产生了心灵的实质性变化，就会产生重要的心灵暗示，孩子才会按照那些要求做，**孩子实质性的变化才会真正发生。

如果原生家庭空间没有与外部教育空间进行紧密接轨，原生家庭空间没有完成升级改造，父母的原始角色没有蜕变的话，那么孩子在外面学到的知识技能就不能内化到自己的心灵空间里，或者内化的速度就会很慢，甚至孩子会人为地割裂空间，认为自己只应该在原生家庭外面学习，孩子心灵的奋进就会受到原生家庭的制约。

比如，孩子会弹琴，但是父母从来没有让孩子理解陶冶情操是怎么回事；孩子会写字，但是从来不知道汉字中的横平竖直隐含了做人的道理；孩子学了很多自然界的知识，但是从来感觉不到自然界的乐趣和美……

最后画龙点睛的那笔是需要原生家庭来完成的，否则孩子只是学了一些庞杂的知识，并不能将其内化到心灵空间中进行灵活的应用以及产生自我的新发现。

我相信那些外部教育机构教授的知识是好的，但是如果原生家庭父母没有与其很好地融合、接轨、升级的话，就会让别人明显地感觉到孩子接受了两套教育，孩子在自我心灵的暗示上还是使用了原生家庭的那套较低的标准来要求自己，而不是按照更高的升级后的心理准则来要求自己。

比如，孩子学钢琴只学会了怎么弹，但是怎么能体会到音乐无穷无尽的多层次空间变化带来的心灵的震撼？如何体会那些不同音节所对应的不同的心灵变化呢？孩子如何用音乐表达和抒发自己内心的能量呢？……

原生家庭的启蒙如何展开？如何与社会上的培训班接轨并共同升级？这是现在很多家庭忽视的地方。

比如，很多父母都会给孩子报数学培训班，如果孩子只是单纯地知道了一些数学知识，父母没有为孩子启蒙数学的美，没有安排数学启蒙在原生家庭空间中应有的位置，没有让数学思维方式内化在孩子的心灵空间中，那么孩子就会在潜意识中将数学学习当作枯燥不堪的任务。孩子会在潜意识中将数学定义为自己生活之外的东西，会认为数学其实并不重要，只是父母安排给自己的工作，而不会认为数学是生活的必然空间，是生活的一部分。

原生家庭独特而深远的启蒙是外部教育机构替代不了的。

我不是反对社会启蒙，社会启蒙是好的，但前提是原生家庭的启蒙不能缺失，我们要让孩子知道启蒙的内容是要融入自我的心灵空间的，这是原生家庭启蒙的最大价值，让我们为孩子准备一趟愉快的人生旅程吧。

将原生家庭空间的原始职能上升为带有教育性质空间的工作，是其他人或者组织无法替代的，父母的谈话、交流是老师替代不了的。反过来，原生家庭的失控也不是外部教育机构能够解决的，人生旅程的使命也不是外部教育机构能够给予孩子的。

人们会在潜意识中复制和参考自己原生家庭的模式，那么到底有多少可以参考的内容呢？人们对于事物价值的心灵确认是在原生家庭中完成的；最好的图书馆和真正的榜样是原生家庭及父母；人生的历史感是外部教育机构无法创造的；人们对于美好事物的深刻理解深受原生家庭的影响；人们对于事物的心灵深层次评判起源于原生家庭；人们道德品质的启蒙更是不能来自原生家庭之外；对待重大事情基本立场的启蒙会伴随孩子一生，至少会被当作重要的参考变量；个人坚守的道德底线、深层次的心灵底线是原生家庭给予的；人的自我控制、自我反省、自我成长的初期形成是在原生家庭中实现的……原生家庭质量的品牌更是外部机构替代不了的。

大家可以回想一下，无论我们从哪所学校毕业，当我们走向社会时，别人考究我们的一个重要问题就是我们的父母、我们的原生家庭，这就是我们原生家庭质量的品牌。

另外，人们心灵阐述、自我反省、自我认识的心灵深层次认知和评价体系的开创也不是外部教育机构能够代劳的。

人们解决心灵冲突的最基本方法来自原生家庭，很多人在碰到人生重大问题的时候会回到家庭最原始的角色，去想象自己的父母会如何处理这样的问题，也有很多人碰到大事的时候会和父母一起商量，即便他们知道有些问题已经超出了父母的能力范围。为什么？就是因为原生家庭的重大作用是外部空间替代不了的。

人生发展最初的模板是在原生家庭里开始的，是外部空间无法替代的。如果原生家庭的空间升级、父母的三次心灵蜕变没有完成的话，那么原生家庭提供给孩子未来的教育质量就会很弱，就很难在上述这么多问题上对孩子产生深远的影响，孩子即使未来会参考社会的标准成长和发展，但是在孩子思想洄游的时候会感觉无依无靠、无处可去。

孩子在没有边际的社会中成长的时候，其心灵空间是不平静的。孩子会回到源头去寻找原生家庭和父母曾经给予的、最初的、最安全的、最有效的启蒙标准，会将其作为最重要的参考与社会信息进行类比和分析。

当人意识到自己的缺陷和困惑时也会从原生家庭上找原因，因为人在洄游的时候会深入分析原生家庭。经常有人遗憾在自己的成长过程中没有得到过原生家庭的帮助，使得自己对于很多问题都比较焦虑。这些人会明显感觉到自己搞不清哪些事情是重要的，认识事情的深刻程度比较有限，做事没有条理，对于如何安排资源和精力以获得长远发展非常困惑。孩子成人以后不会反思家里的吃穿好坏，而是会深入分析原生家庭给自己留下的心灵教育和家庭传承到底有多少。

因此，原生家庭空间的升级改造和父母心灵的三次蜕变极其重要，这是孩子对父母真正的考察、回忆、比较、参考，孩子从中能学会评判原生家庭空间教育质量的高低以及对自我影响的优劣。

高考报志愿的时候，大部分孩子的参考都来源于原生家庭父母的意见、成长过程、心路历程，但可惜的是，这个时候很多父母都没能将一生的精华传承给孩子，没有成为孩子心灵的领路人。

还有，在包括婚姻在内的很多人生重大问题上，也需要父母跟随孩子一起成长，这样才会真正发挥出原生家庭空间对孩子未来的指导作用。父母的人生经历比孩子多很多，因此父母千万不要放弃对孩子认真的心灵启蒙和指引。

原生家庭比拼的不是父母的专业，而是各自心灵的层次，父母的见识程度不应该被职业限制，要打造高层级的原生家庭教育空间、做好孩子的榜样，让孩子的心灵追逐和超越自己。

孩子真正的气质是原生家庭赋予的，孩子心灵的每个角落都会被原生家庭染上颜色。即使在同一所大学上学，孩子们的气质也各不相同，因为他们来自不同的原生家庭。

很多著名人士的自传中描写最多的不是学校或学科知识，而是作者自己的家庭传承、受到了父母何种影响。尽管这些作者没有学过心理学，但是他们在潜意识中都知道，无论一个人受过什么样的教育，都很难不受到原生家庭的影响。

第7章

让孩子完美走过第四空间

在家庭中存在三个空间，即原生家庭空间、孩子的心灵空间和理想国空间，当孩子走入学校，孩子的心灵就开始了正式的社会化过程。孩子在学校里发生的事情、受到的教育会形成第四个空间，这个空间位于原生家庭之外，对孩子的心灵成长影响会非常大。如果父母没有将这第四个空间管控好，孩子的心灵发展就容易在社会化的过程中受到不当的影响，甚至会毁掉父母之前费心输入的心灵原生质。

第四空间的竞争

孩子真正成才需要父母做什么？需要父母对孩子进行长期的精神品质力量的培养以及相应的资源配置。

有些父母问，我给孩子报英语、数学、画画等早教班有没有用呢？在此，我要跟父母们说，**孩子未来成人要接受的是社会的评判，而不是中小学的考试成绩的评判。**

孩子长大成人，那些心灵原生质的长期机制、精神品质的力量将会发挥重要的基石作用，孩子需要通过自己的奋斗在社会上打交道，要和各种人、机会、困难、挑战打交道，要挑战自己、挑战环境，甚至挑战心灵原生质的价值观、挑战内心的力量。

在未来的社会，拥有取信于人的能力，拥有人生个体内外心灵的平静和精神恒久的动力，个体的人生才可能有品质价值的崛起。

有人问我，是不是孩子有了心灵原生质之后就万事大吉了？不是这样的。

很多孩子到了初中、高中，甚至大学以后才会开始显现出他们的动力，迸发出心灵的能量。

很多成功人士都反复强调小时候原生家庭父母的重要的精神品质对他们的影响，但是请不要忽略了环境学习、社会学习的作用，因为这个学习不是简单的学习。

孩子在社会化的过程中会学习到一些其他的精神品质、价值观、原则、行为等，其中某些内容会和原生家庭的心灵原生质产生竞争，在竞争中哪些内容会胜出特别重要。

从小学开始，孩子在每一个阶段都会产生对人生认识的跳跃，有些孩子会非常崇拜老师，经常拿着老师的话与父母争论，孩子的接受顺序开始发生变化。随着年龄的增长，孩子对老师的崇拜在衰减，孩子会越来越有自己的主意，这些主意从哪里来？首先是孩子通过读书获得的，孩子会更加主动地寻找观点，主体意识越发强烈起来，父母以为孩子进入了叛逆期，其实是孩子的思想在成型的过程中越发地有依据了，参考体系更多了，自己也越来越有主意，父母普通的说教不能使其信服了。

当参考体系呈现不同的结果时，孩子就会进行思考，并不是简单地思考谁对谁错，而是从更高的维度思考社会上很多事情的细节，从生理和心理的角度看，孩子此时的自主性都开始加强了，这也是很正常的。当竞争开始出现的时候，父母要清醒地意识到孩子的社会化并不都是好的。

社会上存在着很多不良的诱惑、习惯和尝试，这些都系统性地存在于社会中，与原生家庭中的信息是错位的，原生家庭的信息不能具体地、有针对性地指导到很多细节的事情。父母要意识到社会信息的不良诱惑是极具吸引力、符合人们猎奇的本性甚至是人性的，这些诱惑容易使孩子系统性地排斥心灵原生质。

因此，父母为孩子输入心灵原生质的工作绝非一朝一夕的工作，是随着孩子成长一直在做的工作。父母一定要仔细观察孩子和谁在一起，孩子的社会群体里有谁就意味着孩子的心灵里有谁，这决定了孩子第四空间的性质。第四空间是追求吃喝玩乐，还是崇尚奋斗上进？成熟的原生家庭父母除了教给孩子正面积极的心灵原生质，同时也要管理好孩子的第四空间，做好重要的防范工作，增强孩子心灵的免疫力，不要让孩子被不良诱惑拐走。

如果原生家庭给孩子输入的心灵原生质是静止的，不是随着孩子的成长而成长的，就会被孩子在社会化过程中习得的内容所覆盖。

很多人都说培养孩子要因材施教，因材施教的意思就是父母真正了解孩子独立的心灵空间和理想国空间，顺应孩子的喜好和特点培养他。如果父母只是机械地把家庭的心灵原生质灌输到孩子的心灵空间，并且与孩子喜欢做的事情不一致的话，那么孩子可能会产生极大的反感。

因此，当父母看到灌输给孩子的内容并不能引起孩子很大的兴趣、不能给孩子带来快乐的时候，就要非常当心了，这意味着孩子的内心并没有选择父母灌输的心灵原生质，孩子内心知道父母也许是对的，但是觉得相当没意思、无趣，而无趣的内容是长久不了的。

这是孩子面对父母灌输到其心灵空间的事物时的自然选择，如果父母没有发现这种隐性的选择，那么父母就是没有好好观察自己的孩子，没有发现孩子的心灵空间到底是什么样子的，孩子的心灵原生质和胚胎就一定非常弱小，在以后的发展中，孩子很快就把它们淘汰了。

孩子在社会化的过程中会进行心灵空间的内容选择，只有这些自我选择才会使孩子得到更大的快乐，更大的快乐就意味着更大的强化。

因此，父母第一是要真正地发现孩子，第二是要输入符合孩子兴趣的心灵原生质，第三是要尽可能给孩子创造好的外部环境，第四是在教育的过程中不要让孩子产生隐性的心灵变形。

这其中，为孩子创造好的外部环境是特别重要的，需要父母进行管理。有人说，孩子的外部环境不就是学校吗？孩子进入学校就不用管了吧？不是这样的。

孩子的外部环境不只是学校，每个地方孩子都会有自己的同学、伙伴，也就是会存在除学校之外的非正式组织环境。

如果非正式组织环境中的精神品质很高，那么会对孩子的成长有很大帮助。但是，如果孩子所在的非正式组织环境中的精神品质不高，对于孩子的成长而言就是比较糟糕的，如果长时间浸泡在精神品质不高的环境中，孩子在原生家庭中被输入的那些优质的心灵原生质的信息内容就会被侵蚀或替代。

父母对孩子非正式组织环境的选择和把控一定要非常小心，要对孩子所在的非正式组织环境了解清楚，以免孩子的心灵原生质被污染。同时，这也是原生家庭与外部空间的一种较量，是孩子走入社会的一个隐性的、真正的较量。

父母不能只关注三个空间，还要注重第四个空间，要看看孩子所在的社会组织空间中有没有非正式组织环境，非正式组织环境中的精神品质是什么。

因此，父母对于第四空间的管理非常重要，孩子的非正式组织环境中的精神品质如果比正式组织环境中的还要高的话，就是好的第四空间的重要标志。

原生家庭给孩子输入的心灵原生质与外部空间的精神品质相似度越高，孩子心灵的嫁接成长速度就会越快。

第四空间的标准

很多父母问该如何做才能管理好孩子的第四空间？本章就来回答这个大家非常关心的问题。

对于孩子，无论是精神力量的培养、心灵原生质的培养，还是学习过程中的环境控制，目的都是让孩子的心灵原生质能够嫁接上社会中那些好的观念和品质，让孩子不断成长，得到社会的认可。

认真甄别环境是原生家庭父母管理孩子第四空间的任务，其中有几个关键因素：第一是看孩子所在的非正式组织环境都有哪些，非正式组织环境中的精神品质是否高级。第二是看外部环境输入给孩子的心灵原生质内容和原生家庭输入给孩子的心灵原生质内容是不是相似的、能不能嫁接上，如果相差太大，即使非正式组织环境很好，也不适合孩子成长。第三是看这个第四空间的弹性是不是大、层级是不是高，孩子能否在这个空间中获得更高的眼界，孩子在第四空间中为的是要获得更加优秀、更有力量的精神品质，并不只是取得学历那么简单，只有人生品质中的那些关键因素才能真正使孩子不断前行。

关于孩子所处的非正式组织环境，父母要与孩子多去探讨，去看看其中的心灵秩序是否有以下几个关键因素：独立思考、重视协作、尊重他人、不攀比物质财富、不轻易惩罚、有崇高的志向。

好的非正式组织环境给孩子最大的好处是什么？是氛围，氛围不是简单的大家都努力学习，而是有一群人相互协作，他们的心灵是相通的，个人的进步、才华、努力、新的发现是被这群人认可的，这种认可会产生巨大的鼓励作用。当个人的付出得到了鼓励而不是被抹杀时，心灵成长的能量才会真正地涌现出来。人的活力来源于差异化的认可，而不是简单的自尊心使然。

在这些非正式组织环境中，个人的兴趣被他人最大化地激发了出来，然后由自我感受到，同时，在与他人分享时也让孩子感受到付出后的回报和喜悦，心灵成长的能量不是单纯地来源于自己对于某个学科的喜好。比如，父母想让孩子学好数学，就要观察学校里有没有能一起学习数学的小伙伴，父母有没有参与到孩子的数学学习过程中。孩子在学习某些学科时确实会有一些第一印象的兴趣，但是随着学习的深入，知识会越来越间接化、抽象化、概念化，需要投入的精力也会越来越多，初始的兴趣会逐渐消失，此时如果没有后续心灵能量的增加，那么这种兴趣是很难持续的。

如果在学校里没有伙伴，在家里也没有伙伴，那么孩子会感觉非常孤单，因为学校里的那些同学不一定是孩子的有效同学，孩子从非有效同学群体处获得不了什么心灵能量。有效同学群体是孩子自己发现、自己建立，或者家庭帮助其特意建立的，这些一起学习、聚会的小团体，蕴含了重要的原生家庭教育技术，能够使得孩子的心灵有很多寄托，孩子不孤独，因为能与很多心灵相通，能够互相输入能量，也经常能够被小群体激发。

社会上存在着各种各样的非正式组织环境，就像菜市场里琳琅满目的菜品一样，但是父母在挑选的时候要选择与孩子理想国空间兴趣相吻合的组织，思考自己的家庭情况，判断孩子进入后能不能有长足的发展，是否能激发出孩子的潜力，而不是花钱把孩子送进去就完了。

父母在社会上打拼不容易，要认真地对待和使用有限的物质财富，挑选那些能够使孩子心灵原生质进一步嫁接成长的组织，使孩子能获得人生发展过程中长足的精神品质的力量。

第四空间的选择和管理是父母需要做的事情，这些事情孩子做不了，孩子只能到第四空间里去感受和反馈。第四空间会对孩子的一生产生重大影响，因此父母一定要认真地对待和处理。

心灵原生质在第四空间中的嫁接

心灵原生质的生长过程就是孩子心灵品质力量的形成过程，因此，心灵原生质要在第四空间中完成嫁接，这样才能成为孩子心灵的力量。

那么，父母在初期为孩子管理好了第四空间后，后期管理该如何做呢？

首先，孩子对真正的未来世界知之甚少，他们需要父母帮助其进行认知，但是父母不能用过去的经验去判断未来，因为孩子未来的路很长，孩子的未来也可能会有跨界的需要，因此父母要在第四空间的后期管理上为孩子做好跨界的准备。

父母如果只是以现在的眼界来规划孩子的未来，则必然会有失误，面对未知的未来，父母不可能为孩子规划好每条路，因此，父母对于第四空间的管理正是为了让孩子以后具备跨界的能力，让孩子在面临新机会的时候能够自己捕获和嫁接。

父母首先要分辨出第四空间，预测一下孩子在这个空间中的心灵成长大体会向着什么方向，孩子会成为什么样的人，容易受哪些因素影响等。父母要仔细观察孩子的变化，出现问题要及时纠正，这样，孩子才能在第四空间中积累、嫁接更多的心灵品质资源，逐步地把学问、技能和社会化需要融合在一起盘旋式上升，不断地壮大自己的心灵力量，避免在第四空间中出现严重的心理问题。

但是，如果第四空间给孩子的心灵空间或者理想国空间造成了严重的问题，那么父母就要及时调整第四空间，甚至在必要时舍弃这个空间。

孩子在第四空间中的成长非常重要，因为孩子在这个空间中会受到社会的各种评判，孩子被评判的好坏反映着社会对其接纳程度的高低，这就意味着孩子在当下和未来将拥有多少机会。

我曾上过非常糟糕的学校，在换了另外一所学校后，尽管我需要每天早上五点半出门，七点到学校，放学回家的时候天都黑了，但是我却充实而满足，因为环境所给予我的精神财富太大了，使我的心灵原生质得以充足地吸收营养。

真正地发现孩子

现在我们再来谈一个很多父母都会有的疑惑。

有的家庭父母很优秀，名校毕业，是人们印象中的学霸、精英，但是他们的孩子却未必可以做到这样，这是为什么呢?

首先，这些父母没有做到真正地发现孩子。每个孩子心灵空间的事物是不同的，如果父母把孩子想飞的翅膀折断了，拼命地让孩子去跑步，那么孩子一定做不到高效，也跑不远。

父母没有发现孩子的理想国空间，是父母没有尽责；父母没有发现孩子完整的理想国空间，是父母尽责不够。

父母只有把自己想给孩子建立的价值观和孩子的兴趣结合起来，和孩子心灵中最肥沃的那块土壤结合起来，才有助于孩子的技能发展，以及实现与此伴随的品质发展。

比如，孩子喜欢下棋，父母就可以借此来培养孩子的很多品质，为孩子输入正确的价值观，学会如何对待挫折和胜负等。孩子是可以通过下棋走得很远的，棋就是孩子认识世界的一个重要工具，孩子会用这个工具沿着自己的心路去探索世界和生活的每个角落。但是，如果父母让爱下棋的孩子通过学化学去认识世界，孩子就不会那么高效。

父母要找到能开发孩子心灵的高效之路，这是父母给孩子找的工具，也是孩子愿意要的工具，是孩子的生活假设，也是孩子心灵的踏板。

其次，这些父母没有为孩子输入足量的、动态的心灵原生质，没有为培养孩子长久的心灵品质进行资源配置。也许孩子学习成绩不错，但是发展后劲明显不足。这类父母往往只是自己很强，而没有把自己当作孩子的心灵导师，没能让孩子站在自己的肩膀上超越自己。父母只有成为孩子的心灵导师，才能使孩子长远地发展，才能使孩子的心灵有力量。

一些人虽然学历很高，但是活得干巴巴的，感觉心灵都被抽干了，这些人的原生家庭没有给他们多少心灵原生质。没有心灵原生质又如何能嫁接第四空间的能量呢？他们在第四空间中能涉猎的事物就非常少，心灵空间就难有自救的能量和机制，在面对未来的不确定时就会非常恐惧，在工作中特别害怕犯错。

我们在了解一个人的心灵空间和心灵力量的时候，要看这个人有没有猎奇的兴趣，有没有好奇心，有没有突破自己第四空间的欲望，能不能在第四空间中实现恣意的生长，能不能以自我为主体去吸收、嫁接第四空间的能量，实现心灵空间的延伸和成长，能否不断地丰富自我的心灵事物，心灵空间是否有足够的弹性能够使自我不断地蜕变、不断地覆盖先前的第四空间，因为心灵的成长就是自我淘汰、自我更新的过程。

日本作家村上春树的作品之所以人气很高，就是因为在看他的作品时，能把自己的第一、第二、第三空间嫁接到他写的第四空间里，在看他的书的时候就像是在看自己的故事、看自己的生活。

再有，电影《哪吒之魔童降世》之所以取得了优异的票房成绩，也是因为它激发了人们内心第一、第二、第三空间的力量，人们在电影中仿佛看到了自己，哪吒在第四空间中不断突破的精神唤醒了人们内心深处自我突破的渴望。

这种斗志，这种在第四空间中不断嫁接能量的能力，这种突破第四空间的勇气就是我们要传递给孩子的最宝贵的心灵财富。孩子只有完美地走过第四空间，才能充满能量地实现长远的发展。

梦想的层次——电影落幕之后

人的梦想是个综合体，是可以拆解的，梦想的实现也是需要过程的，梦想中会出现榜样，孩子会在心灵中寻找榜样，有梦想说明孩子已经开始把梦想的特征集中化、具体化了。

我们所有人都经历过梦想的培育，但是成功的人不多。

远大的志向是怎么树立起来的？远大的志向说模糊不模糊，说具体不具体，但似乎和自己的关系不太大。实际上并不是这样，人们之所以会这样认为，是因为它中间缺少了一环。

梦想分为三个层次。第一层是我们有认识，即我们知道了梦想；第二层是我们把梦想牢牢地记在心里了，在心灵空间里有梦想，用梦想激励和感染自己；第三层是梦想世界已经与我们的心灵空间完美地融合在了一起，即梦想世界已内化到心灵空间，并开始用心灵空间的梦想原则规范自己的行为。

此时，梦想世界就完全变成了我们自己的心灵空间了，只有到了这一层，我们才能把心灵原生质根植于梦想，心灵原生质才能蓬勃、高速、有力地发展。

梦想世界不是一部我们内心随时翻看的书，也不是我们去电影院看了一场电影，而是我们把梦想完全内化为自己的心灵空间了。

比如，我的梦想是要当科学家，那我的心灵就要变成科学家的心灵，我会把梦想分步骤实现，先努力成为一位科研工作者，先按照科研工作者的心灵空间来要求自己的精神品质和行为原则，于是我的心灵原生质才得以在科学家的梦想心灵环境中不断成长，才能蓬勃有力地发展，成为很好的心灵力量。

看《哪吒之魔童降世》的时候心潮澎湃，但是看完就回家了，这种激励效应能维持多久呢？一般就是几天，因为大家只是在外部空间看了一场电影，就像看了一本书一样，这个电影虽然也触及了大家的心灵，但只是被当成一本参考书来看。

真正厉害的人是把自己的灵魂“哪吒化”，把自己的心灵空间“哪吒化”，认为自己就是哪吒这样的人。别人说我不行，说我是魔，我就认为自己不是，我就要证明给你们看。

对于这些人，哪吒的梦想世界一旦变成其心灵空间后，哪吒的那些原则也就变成了他的原则，哪吒的世界就变成了他的世界，他的心灵原生质就会发生变化，在哪吒的梦想心灵空间里就会不断地相互作用和叠加，产生新的心灵力量。在这以后，当他看了其他书或者其他能够激励梦想的事物，他的心灵空间还会不断进行叠加，使他的心灵空间发生了多次、多层级的心灵空间大改造。

很多人都是把梦想当成一本书来看的。

我们小时候经常讲我要立志成为什么样的人，立志到底意味着什么？其实最高层级的立志就是在内心把自己当成梦想中的人，然后开始孕育自己的心灵原生质，这种孕育的力量特别大。

人的梦想是很重要的，没有梦想就没有愿景，无法形成大的格局，大的格局就需要人把对自己的要求提到很高的高度，梦想的第三层就是人要把梦想、格局、自我心灵空间结合起来改造成为他所期望的心灵。

只有这样的心灵改造、梦想同化，才能使人的心灵原生质不断地获取周围与梦想相关的养分，才能使心灵原生质和梦想叠加在一起，把未来的心灵内容移植到现在，要求自己的心灵和心灵原生质一起成长。

很多人只看到了梦想的第一层——看到了一本梦想的参考书，或者看到了第二层——把梦想的参考书放到了自己的内心常年参考，但是却没有看到关键的第三层。

梦想的第三层是不断地对自己进行改造与同化，使自己实现梦想所需的心灵品质，形成复杂的梦想系统，以此来要求自己滋养心灵原生质、扩展心灵空间。请注意，当梦想停留在前两层的时候你还是你自己，只是在翻看别人的东西，当来到第三层的时候你就已经不再是原来的自己了，你的心灵空间就已经发生了质的变化，你已经改变了。

梦想中会出现榜样，榜样对我们来说非常重要，榜样给了我们雄心，给了我们激情，也让我们认识到自己的缺点，带给我们反思。传统的向榜样学习，其实你还是你，他还是他，你只是在学习他的一些特质，但是真正的榜样是你要成为像他那样的人，这里需要一个至关重要的环节，就是颠覆自己的能力。

颠覆自己就意味着要把自己原有的心灵内容抛弃掉，去学习别人的优点，是要把别人的心灵拿来颠覆自己，而不是在自己原有的基础上改良自己、叠加别人。只有这样的榜样学习，才是真正高效、完整、根本性的心灵空间的榜样学习方法。

榜样的学习应该是根本性的学习，而不是换汤不换药的学习，需要用自己全部的心灵空间和精力去学习，否则就不是根本性的学习。榜样的心灵状态会与自己的心灵状态发生竞争，非根本性的学习最终无法竞争成功。

看完电影热血沸腾，但是不到一周自己的心灵状态就又回到老样子了，因为我们的心灵空间没有转化成梦想的心灵空间。心灵原生质在日常生活状态的心灵空间中是很难成长和提高的，只有在非常丰厚的心灵梦想空间中才能快速地成长为心灵的能量，我们用榜样的标准来要求自己才不会被日常生活状态的心灵空间挤掉。

颠覆性的榜样学习，就是看你是不是颠覆了、替换了自己不足的地方，是不是用梦想替换或者颠覆了自己心灵空间中的大部分世俗的空间，以滋养心灵原生质，高效地提升自我的高级精神品质。

梦想实际上是用来改造和创造人的心灵空间的，人们可以用梦想来改造和创造自己，用无数的榜样和梦想来不断地改造自己的心灵空间，是最根本、彻底和革命性的学习。

同时，梦想也会创造很多困难，我们要拾级而上，但是也要知道休息，不可能一蹴而就，上了台阶可以歇歇继续爬，只要朝着梦想的方向前进就可以了。

一个人如果真的能自始至终地把梦想作为导向，把梦想锻造成自己的心灵空间的话，就不会在意途中的暂时失误，就像俞敏洪先生一样，暂时的高考失利又能如何呢？人生梦想的格局就体现在这种地方。

父母一定要在这类事情上正确地引导孩子、做好孩子的心灵导师，千万不要为了一两年的时光耽误了孩子一生的辉煌。

一个人是不是能把未来多重的梦想世界创造和打造成现在的心灵空间，并用现在的心灵空间来看待所有事情和要求自己？

只有做到这点，一个人对于梦想世界的拆解能力才会更强，才可以把梦想分成不同的任务。此时，这个人的心灵空间就被梦想世界颠覆了、变得强大了，变成了未来的心灵空间，于是很多实现目标中的困难对其而言都不再是难事了。

大家可以想一想，如果你现在的心灵空间是二十年以后心灵空间的再版，那么这种心灵的力量会多么强大啊！如果把你现在的心灵空间放到十年前，那你当时的选择很可能就会发生变化。

因此，梦想世界不是一本外部的参考书、一部电影，看完就忘记了，而是真正要把自己的心灵空间颠覆、替换、创造成未来梦想的心灵空间，由此会产生非常大的心灵势能，能够给那些含有高尚品质的心灵原生质提供营养。

我们不能简单地阅读、参考、学习和模仿榜样，没有颠覆性的学习，我们还是自己，自己的行为和习惯将会和我们参考的内容产生竞争，并且最终会将这些参考的内容排除在心灵空间之外，慢慢地被遗忘，只能偶尔想起来时再参考一下，而无法形成长效的心灵力量。

人的梦想真正能够发挥作用需要三步：

第一步，人需要将梦想世界锻造成自己的心灵空间。

第二步，人需要有榜样，学习榜样看待问题、思考问题和采取行动的方式。

第三步，人需要颠覆性的学习，而不是用剩余的心灵空间和业余的精力学习，人只有颠覆了自己，梦想世界里的心灵原生质才能在匹配的心灵空间中孕育成长。

只有三步都做好了，一个人才能真正有效地学习到榜样的高级品质，按照榜样的标准来要求自己，迸发巨大的心灵势能，滋养高级心灵原生质的生长。

上述三步有一步没做好，孩子就会四不像。有些孩子虽然被灌输了很好的心灵原生质，但却不生长，为什么？因为孩子的心灵环境不对，即使原生家庭空间和第四空间给了孩子高级的心灵原生质，但是孩子的心灵环境不好，造成了巨大的吸收障碍，心灵的实质并不具有梦想因素，孩子的心灵质量不高，无法使梦想心灵原生质生长。

颠覆性学习是心理学上真正的心理塑造、再造和创造，是把自己逐步改造成为榜样，从而获得巨大的心灵势能和力量，能够给很多高级的心灵原生质提供营养，激励着自己不断前行，这就是心灵成长的秘密。